Xuhui
Texture of
Cultural Memory

海上文脉

潘新华 编著

海派文化地图

The Map of
Shanghai-style
Culture ·徐汇卷·

主编 韦源

上海交通大学 出版社
SHANGHAI JIAO TONG UNIVERSITY PRESS

内容提要

浓密的梧桐树叶，掩映着一幢幢历史优秀建筑；激昂的交响乐曲，演奏出一曲曲华彩乐章；宁静的藏书楼，珍藏着一本本百年典籍；耸立的龙华塔，见证了一页页申城演变史。

徐汇区古属昆山县，唐、宋代隶华亭县，元、明、清代为上海县辖地。1945年后，分为常熟区、徐家汇和龙华区。1956年，常熟区和徐汇区合并，定名为徐汇区。1984年龙华乡、漕河泾镇和长桥地区划入后，形成如今54.93平方公里的区划范围。

海上文脉，俯仰古今！

历史学家论言：谁要了解十七世纪迄今的中西文化交往过程，谁就会把目光投向历史上的徐家汇。徐家汇也越来越成为近代中国文化交流过程中的首处空间中心。徐汇的文物和建筑就是一部中国的文化史和革命史。作为海派文化气息和经典建筑品质最具特色的城区之一，"海派文化，人文徐汇"的鲜明地标，如今一个个出现在新时代的徐汇版图上。

《海上文脉》带你走进徐汇……

图书在版编目(CIP)数据

海上文脉/潘新华编著 . ——上海：上海交通大学出版社，2018（2021重印）

（海派文化地图）

ISBN 978-7-313-19660-6

Ⅰ. ①海… Ⅱ. ①潘… Ⅲ. ①地方文化 - 介绍 - 徐汇区

Ⅳ. ① K295.13

中国版本图书馆 CIP 数据核字（2018）第 145761 号

海上文脉

编　　著：潘新华	地　　址：上海市番禺路 951 号
出版发行：上海交通大学出版社	电　　话：021-64071208
邮政编码：200030	
印　　制：上海锦佳印刷有限公司	经　　销：全国新华书店
开　　本：710mm×1000mm　1/16	印　　张：13.75
字　　数：115 千字	
版　　次：2018 年 7 月第 1 版	印　　次：2021 年 1 月第 2 次印刷
书　　号：978-7-313-19660-6	
定　　价：65.00 元	

"海派文化地图"丛书编委会

主 任
姜 樑 吴 清

副主任
徐海鹰　王国平　顾国林　吴信宝
胡劲军　马建勋　于秀芬　柴俊勇

编 委
严 旭　左 燕　陈永弟　胡 敏
温新华　钱城乡　石宝珍　邰 荀
丁大恒　祝学军　刘海涛　王美新
邵林初　李华桂　陈勇章　邹 明

总主编　柴俊勇

执行总主编　浦祖康

图片总监　叶明献

策划联络
张 奇　李墨龙　张致远　吴纪椿
慈兴国　初 旭

《海上文脉》

编委会

主　任

韦　源

编　委

王　萍　朱志荣　宋浩杰　刘　芳

主　编

韦　源

重绘海派文化的地理版图

柴俊勇

海派文化的地理版图究竟能画多大？

有人说，海派文化的兴起，源自上海170余年前的开埠……而从有关史料来看，四千年前即有一支河南东部移民迁徙上海，进而促使中原文化导入江南地区的这类文化融合的现象，或早已经为这个六千年前成陆的地域的文化，种下了"海派"的基因。而今天的海派文化，除了其发源地——上海以外，正在以Shanghai-Style的文化姿态，影响着江苏、浙江、安徽乃至全国和海外……

上海，地处长江入海口，她背靠的是历史悠久的长江文明，前方则是浩瀚无垠的海洋文明，加上其是中国海岸线的南北中心点，地理优势可谓得天独厚。五方杂处，东西交融，既植根于中华传统文化，融汇着中国其他地域文化的精华，又凭籍了开埠百余年的历史进程，吸纳了多国文化质素的上海，久而久之造就了"海纳百川、追求卓越、开明睿智、大气谦和"的城市精神与特有的文化性格。

上海境内的每个区或多或少都保留了能体现海派文化特色的原汁原味的历史遗存，同时，仍在不断积累、沉淀着和兴起海派文化的新思潮、新创造、新成就，同时海派文化亦正在向世界吞吐着印有上海印记的品牌、文学、影视、科技、医疗、教育……这些真实而鲜活的文化现象，为在新的历史时期开展关于海派文化的整体研究，整理海派文化的历史渊源，重绘海派文化的地理版图，描摹海派文化的未来走向，奠定了充满活力、赋予意义的源泉基础。

习近平同志在上海工作期间指出：虹口是海派文化的重要发祥地。"弘扬海派文化品格……加快建设上海国际文化大都市"是中共上海市委《关于制定上海市国民经济和社会发展第十三个五年规划的建议》中表述。该"建议"对海派文化没有就事论事，而是以"海派文化+"的方式，以弘扬"品格"为基调，揭开了五年"加快建设上海国际文化大都市"的序幕。在中共上海市第十一次代表大会报告中，中共上海市委主要领导则进一步描绘了上海作为"人文之城"的未来愿景——"中外文化交相辉映，现代和传统文明兼收并蓄，建筑是可阅读的，街区是适合漫步的，公园是最宜休憩的，市民是尊法诚信文明的，城市始终是有温度的"。在此不久前，市领导指出："必须下更大决心、花更大力气保留、保护更多历史建筑，保留、保护更多成片历史建筑风貌区""精心保护历史文脉、用心留存文化记忆"以及"以城市更新全新理念推进旧改"从"拆、改、留并举，以拆为主"，转换到"留、改、拆并举，以保留、保护为主"，同时"努力改善旧区居民的居住条件"。这似乎是对"建筑可阅读、街区可漫步、城市有温度"等的一种实践指南。

"文化"必须具备传承性、渗透性、共识性、延续性，"四性"缺一不可。海派文化以"开放包容、中西合璧、多元交融，精耕细作"的文化特征与品格，影响了世世代代的上海人，也向全国和世界展示上海独特的文化品格。"上海要在2040年成为卓越的全球城市，必须把文化发展放在城市功能和核心竞争力提升的重要位置。未来城市不会仅凭科技、制造业或金融等单一的优势立市，而是主要表现为线上与线下、技术与实业、传统与创新、过去和未来的融合、功能综合，市民精气神展示等特征，背后则是文化在起推动作用乃至决定性作用。文化大都市建设任重道远，上海作为我国改革开放排头兵、创新发展先行者，对外开放桥头堡，在文化建设上一直走在全国前列，在未来五年以及未来很长时间内，上海文化建设始终要体现国际水准、中国特色、上海精神，以此推动上海成为一座有底蕴、有质感、有脉搏的，传承过去、面向未来的人文之城。"

我们"弘扬海派文化品格"，要的是中华优秀传统文化和与世界优秀文化深度融合与创新的作用与作为，要的是海派文化如何潜移默化地影响和渗透上海的未来发展；要的是市民如何具备海派文化品格，提升文化素养，展现城市精神的点点滴滴，要的是在中国文化日趋开放的环境下如何展现中国"远东第一大都市"的魅力，让来到上海的移民与游客喜欢上海、融入海派文化……

我们感到，源远流长的海派文化内涵丰富，作用领域广泛，对于推动建设上海国际文化大都市意义重大。弘扬海派文化，必须绘制好海派文化的地理版图，只有让人们更多地了解身边的上海，才能更加爱上海这座城市。而要真正做到这点，必须充分发挥上海各区的资源优势和基础作用，发挥民间对于海派文化发展的积极作用，并鼓励社会力量以各种形式参与共同推动海派文化的传承发展。同时，进一步完善政府在培育、发展海派文化方面的政策扶持与工作举措。

此番编辑出版的"海派文化地图"丛书，由市政协领导和相关专委会共同牵头，并得到了各区政协的大力支持。丛书共分为17卷，其中16卷分别介绍16个区的海派文化资源特色和与海派文化有关的知名人物等，每一卷，将结合各区地域特色，阐述海派文化在区境内的发源、流布、传承、发展、复兴

的历史轨迹和地理分布，说明海派文化的作用领域和对今世的意义。1卷则为上海海派文化地图丛书的精选集。

希望这套丛书，能让市民与游客更多地发现和体验身边的海派文化，在品读书卷和行走城市之间，领略上海的都市风情和日新月异的变化，发现上海和海派文化的魅力。

2017 年 7 月 18 日

（国家行政学院兼职教授、上海开放大学公共管理学院首席教授）

序二

说海派文化特质

熊月之

依山多仁，傍水常智，乡处者多厚重，城居者常机灵，环境移人塑人，古今中外概莫能外。

近代上海由于国际国内多种因素错综复杂的作用，由一个普通沿海县城，迅速成长为中国特大都市。其政治架构一市三治，公共租界、法租界、华界各行其政，各司其法，互不统属，为寰宇之内绝无仅有。其经济体量异常巨大，工业、外贸、金融常占全国一半以上，人口众多且结构独特，五方杂处，中外混处，且流动频繁，既不同于荒僻的乡村山寨，不同于西安、北京等内地城市，也不同于广州、福州等沿海城市。与此相一致，其文化亦戛戛独造，出类拔萃，居民行事风格、价值观念、审美情趣，每每卓尔不群，与众不同，惹来路过者、访问者、风闻者、研究者一阵又一阵评论，或赞叹，或羡慕，或讥刺，或诅咒，或兼而有之，关键词都是：海派！海派！

海指上海，海派即上海流派。以地名作为地域文化流派之名，使其名实一体，与他处相区分，本是人们讨论、研究地域文化之惯例，古人即有南派、北派之区分，明清以来又有岭南、燕北、浙东、湘西等说法，其内涵多无褒无贬。惟海派之名诞生于近代，所涉城市为内涵极其复杂、褒贬不一的上海，故"海派"之名自始即颇多歧义。海派书画、海派京剧、海派服饰、海派文人，其抑扬意味在各领域并不一致。但是，寻根溯源，综核名实，异彩纷呈之海派表象背后，确乎有其统一的海派内核。任伯年等人的写实通俗画，吴友如等人的社会风情画，郑曼陀、杭稚英等人的月份牌广告，刘海粟的使用人体模特儿，周信芳等人的改良京剧、连台本戏、机关布景，刘雪庵等人所作风靡一时的《何日君再来》《夜来香》等歌曲，《礼拜六》等报纸期刊连载的言情小说、黑幕小说，凸显女性曲线的旗袍，适应复杂人群口味的改良菜肴，既吸收江南民居内涵、又适应集约型利用土地要求的石库门建筑，表现形式各有不同，或为绘画、戏曲，或为音乐、文学，或为服饰、饮食、建筑，但都有以下四个共同点，即趋利性或商业性、世俗性或大众性、灵活性或多变性、开放性或世界性。最根本的一点是趋利性，其他大众性、灵活性与开放性的基础仍是趋利。因为趋利，所以

绘画要迎合普通买主的胃口，画通俗、写实等喜闻乐见的内容，画时装美女、麒麟送子、八仙过海。因为趋利，所以要改良各地移到上海的菜肴，改造各地传入上海的戏曲，以适应来自五湖四海移民的需要。因为趋利，所以要写普通民众喜闻乐见的小说、歌曲，要演有趣好看、吊人胃口的连台本戏，写跌宕起伏、引人入胜的连载小说。因为趋利，所以房屋既要让居住者舒适，又要提高得房率，使大房东、二房东更多获利，联排式便广受欢迎。因为趋利，所以要不断花样翻新，不断追逐世界潮流，不断制造时尚。于是，美术、音乐、戏曲、小说等文学艺术不再单纯是传统意义上文以载道的工具，房屋也不能如乡村那么宏阔气派，而要适应市场、迎合市场、创造市场、扩大市场。

通过趋利性、世俗性、灵活性与开放性所反映出来的海派文化，其本质是在全球化背景下、人口高度集聚、以市场为资源配置根本途径、以满足最广大人民群众根本需要为旨趣的城市文化。

海派文化不限于上海，但以上海为早、为多、为甚，其影响也以上海为圆心，一圈一圈向外扩散开去。海派文化之形成，原因有许多方面，其中特别需要强调的有两点，一是江南文化，二是移民人口。

江南自唐代以后，就是中国经济、文化最为发达的地区，其经济结构、文化风格，有不同于北方的鲜明特点：其一，重商，商品经济相当发达，商人地位大为提高。宋代以后，棉、丝、盐、茶在江南经济中已占有相当高比例。明代江南，已经形成一个多样化、商品化和专业化、有着充分市场机会的经济结构。宋代以后，江南地区传统的士－农－工－商的顺序，实质上已经变成士－商－农－工，亦儒亦商、商儒合一家族在江南所在多有。元代以后，江南与国际市场已有广泛而密切的联系。其二，市民文化有了很大发展。反映追求声色货利的小说、传奇、歌谣、戏曲长盛不衰，《三言》《二拍》等公开言情言性的小说多为江南文人所作，所表现的思想、格调与官方倡导的意识形态大异其趣。其三，行为偏离正统。不守传统规矩，逾分越矩，讲究吃穿，讲究排场，奢侈成风，追求新奇，在江南已是普遍现象，上海地区尤为突出。最具标志性意义的是明代上海陆家嘴人陆楫，竟然专作奢侈有益论，系统论述传统的崇俭恶奢观念并不正确，认为禁奢崇俭并不能使民富裕，而适度奢侈倒能促进经济繁荣，对于社会发展有积极意义。这是中国古代经济思想史上一朵瑰丽的奇葩。上海本为江南一部分，近代上海人虽说来自全国各地，但绝大部分来自江南。所以，上海文化底色就是江南文化。

近代上海城市人口 80% 以上来自全国各地，还有一部分来自外国。本地人口少，移民人口多，便使得本地文化对由移民带来的外地文化排斥力、同化力不强，这为外来移民在上海立足、发展提供了难得的土壤。这一移民社会呈现高度的异质性、匿名性、流动性与密集性。在这里，传统熟人社会士绅对人们的道德约束机制荡然无存，个人能力的释放获得空前的自由与巨大的空间。晚清竹枝词中有一句话："一入夷场官不禁"，其实，不光"官不禁"，民也不禁。于是，个人安身立命的资本便主要是能力而不是家世，维系人际关系的便主要是契约而不是人情。于是，重利、竞争、好学、崇洋、灵活、多变、守法、包容等，便成为突出的社会现象，成为海派文化的重要符号。

还在民国时期，已有学者将海派文化作为上海城市文化的综合指称，高度肯定海派文化的丰富内涵与正面价值，认为上海在引进新思想、引导新潮流、引领现代化方面，担当了领导中国前进的"头脑"角色："一切新兴的东西，物质的，精神的，都由上海发动，然后推到全国去。虽然所谓新文化运动的五四运动发源于北京，一九二六年国民革命军发难于广东，可是上海仍是中国工、商、经济、文化、出版界的中心。从物质文化方面看，从非物质文化方面看，上海都是中国的头脑。"[1] 还有学者认为，"在文化上，上海和西洋文明接触密切，所以洋化气味较重，同时由于历次政治革命的激动，文化革新运动也随之勃发，所以海派的文化作风是好谈西洋文物，崇尚创新立

---

[1] 高桢：《在上海》，《大上海》半月刊，1934年第1期。

异"[1]，认为"做上海人是值得骄傲的，因为上海一切开风气之先，今后中国需要新的建设和新的作风，而在上海首先创导这种新建设和新作风"。[1] 人们还对海派文化如何扬长避短、创新发展进行了讨论，提出"培养我们的海派新风气，发挥我们海派的新力量"。[1]

江南文化本是魏晋以后由南方吴越文化吸收、融合了北方中原文化的某些成分而形成的，而海派文化则是由江南文化吸收、融合了西方文化的某些成分而形成的。在传统与现代、中国与世界、乡村与城市等相互联系的背景下看海派文化，可以清晰地看出，海派文化是中国的南北文化结晶品与近代西方文化的化合物，是城市化过程中的中国文化。在这个意义上，说海派文化代表了中国先进文化的前进方向，一点都不过分。

任何文化都兼具地域性与时代性。海派文化在不同时期，虽有一以贯之的内涵，也在不断地新陈代谢，有因袭，有创获，有损有益。不断地损益、代谢、嬗变，正是海派文化保持青春活力的根本特性。2015年，中共上海市委关于"十三五"规划建议中指出，上海要"传承中华文化精髓、吸收世界文化精华、弘扬海派文化品格"，将上海建成国际文化大都市。

---

[1] 姜豪：《海派新作风的培养》，《上海十日》，1946年第2期。

这是一个立意高远、美轮美奂的愿景，也是一个涉及很广、难度很高的宏大课题。海派文化既涉及观念形态，也涉及物质层面，涉及文化创造、生活方式、价值观念、审美情趣等诸多方面。弘扬的前提是调查、梳理、研究。《海派文化地图丛书》，定位于可供新老上海人和国内外游人自助行走的海派文化体验全书，为上海传承传播海派文化发挥积极作用。按区域分卷，述其特点，明其流变；既有基于历史文献的理性分析，也有得自当下调查的新鲜知识。执笔者均为长期生活于上海、沉潜于上海文化研究、学养丰厚的作家，所作内容丰富，风格清新，文笔生动，加以图片精美，令人一旦展阅，便不忍释手。

可以相信，这套丛书的出版，对于新老上海人了解上海、熟悉上海，一定会起到导航指路的作用；在海派文化研究史上，也一定会留下浓墨重彩的一页。

是为序。

2017 年 7 月 21 日

（上海社会科学院研究员、复旦大学特聘教授）

Contents

目　录

目录

The Map of

Shanghai-style Culture

The Map of Shanghai-style Culture
海 派 文 化 地 图

徐光启：睁开双眼接纳近代文明第一人

徐家汇的地名与徐光启密切相关。明代相国、我国第一位引进西方科学技术的科学家徐光启（1562—1633），曾在此建农庄从事农业实验并著书立说，逝世后安葬于此，其后裔即居住在此，初名"徐家厍"，后渐成集镇。因为通黄浦江的肇嘉浜与通吴淞江的法华泾，在漕河泾附近交汇，故得名"徐家汇"。今天，我们把寻找海派文化渊源的目光，首先投向明代科学家徐光启！

徐光启像（水彩画，土山湾画馆绘。1913 年）

百姓铭记明代科学家

距离徐家汇商圈不远，南丹路 17 号（光启公园内）是徐光启纪念馆，纪念这位在 400 年前第一个睁开双眼看世界接纳近代文明、对中国近代科技文化做出杰出贡献的科学家。

徐光启墓最早建于 1634 年，后因年久失修，墓地大部变成了菜园。1957 年，经上海市文物保管委员会整修一新。墓地为椭圆形，四周砌石，顶复草地，内葬徐氏夫妇和他们的孙子、孙媳妇。 1979 年 11 月 22 日，经《文汇报》刊登市民来信呼吁，

光启公园内的徐光启雕像

有关部门将徐光启墓修葺一新。1981 年 4 月 9 日 ，徐光启墓碑在南丹公园竖立。1983 年 11 月 8 日，中共上海市委书记、市长汪道涵出席了上海各界人士纪念明代爱国科学家徐光启逝世三百五十周年座谈会并讲话。2005 年，徐光启纪念馆建成，成为上海极具历史底蕴的科普教育基地之一。

徐光启纪念馆厅堂正中央高悬一块牌匾，上书"后乐堂"三字，得自范仲淹的名句"先天下之忧而忧，后天下之乐而乐"。两边的抱柱联上刻有"虔信天学泛爱众人富国利民树贤范，深研博物躬行农政学贯中西创伟业"。两侧墙上挂有六幅版画，分别是会通中西、桑园试种、天津屯田、夜观气象、保卫京师、通州练兵，概括了他的政绩和成就。

打开中国近代科技大门

徐光启字子先，号玄扈，上海人，曾被称为"徐上海"，年幼家业衰落，童年虽贫困但不甘寂寞，在龙华寺读书时，他与同学聊天时各言其志。有的说："我欲为富翁。"有的说："我欲为道士。"徐光启则说："是皆不足为也。论为人，当立身行道，治国治民，崇正辟邪，勿枉为一世。"

徐光启生存的明朝年代，欧洲正处在文艺复兴时代的后期，先后涌现出一批著名的文学家、探险家、哲学家、天文学家和物理学家。随着西方传教士的来华，封闭的王朝渐被推开一扇

扇门窗。"天圆地方"这一历来被封为王朝天意的真理，开始
受到震撼人心的冲击。1600 年，一个偶然的机会，徐光启看
到意大利传教士利玛窦（1552—1610）绘制的《坤舆万国全图》：
地球竟是圆的！这是一个他所未知的广袤世界，他反复思考，
写下了《题万国二圜图序》一文。后来徐光启奉旨修历，编撰《崇
祯历书》，破除了"天圆地方"的传统观念，提高了日月食和
其他天文计算的精确度，并由此奠定后三百年天文历法的基础。
他研订的《崇祯历书》，首次采用了西方阳历的基本观念作为
一切推算的根基。这在中国，等于是进行了一次根本性的前无
古人的改革。

　　后来，徐光启向利玛窦提出了翻译科学著作的建议，利玛
窦听了十分赞同。年已 45 岁的徐光启，开始和 55 岁的利玛窦
合作译书，并先从《几何原本》入手。两人"口译笔受"共同
翻译出《几何原本》（六卷本）。《几何原本》成为中国最早

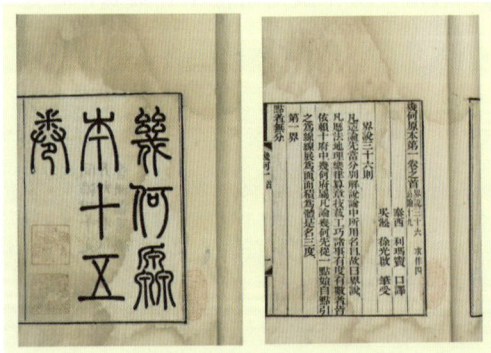

利玛窦、徐光启合译的《几何原本》

利玛窦和徐光启

翻译的希腊时代欧几里得的第一部著作，在中西文化交流史上写下了璀璨夺目的一页。此后徐光启大量介绍西方的自然科学，中国近代科学技术的大门由此打开！

品行端正、克己廉洁，身后不留分文

明崇祯三年（1630），徐光启升任礼部尚书。崇祯五年（1632），以礼部尚书兼东阁大学士，入参机务。崇祯六年（1633），兼文渊阁大学士。同年11月8日病逝于任上。他病逝时未留分文，"盖棺之日，囊无余赀"。[1]

1634年，徐光启逝世一年后，一个名叫伏若望（英译汉名）的葡萄牙耶稣会士，撰写了一篇外国人心目中的中国大官兼科学家徐光启印象记。这篇文章是目前发现的最早的传记性文字。葡萄牙原文抄本现藏于里斯本阿儒达图书馆。翻阅这一中文译本，可以让我们真实走近徐光启。[2]

徐光启为官清廉，生活简朴，从不随俗奢靡，品行端正严己。他对一子五孙严格教育，对违者甚至以绝食狠心相劝。他终身不蓄姬媵，一妻无妾。"他是全帝国最重要的大臣，而全帝国都知道他始终没有娶第二个太太"。葡萄牙人伏若望写

[1] 《明史·徐光启传》。
[2] 复旦大学文史研究院学者在上海举行的纪念徐光启暨《几何原本》翻译出版四百周年国际学术研讨会上，递交了依据18世纪中叶抄本的翻译成果。《伏若望＜徐保禄进士行实＞》《徐光启与＜几何原本＞》第331页，上海交通大学出版社，2011年。

道："娶妾在中国是十分正常的事，特别是达官显人们，更加重视娶妾……他有一个儿子。在这个男孩十四五岁的时候，他的太太去世了，而他此后一直保持鳏夫身份，成为伟大的榜样。"

有"徐上海"之称的明代科学家徐光启开放好学、一丝不苟、一生廉洁。他在 400 年前翻开了中外文化的交流新页，给海派文化镌刻了交融并蓄、精耕细作、品格卓越的历史基因。

黄道婆："衣食我民真众母"

精耕细作，创新追求，是海派文化的基因之一。700 年前，黄道婆（1245—1330）的纺织技艺名扬一时，并以此形成上海早期兴盛的纺织业，所生产的棉纺织品曾经"衣被天下"。如用今天的经济学口径测算，当年黄道婆带来的 GDP 产值和赋税，在远东影响显著。

被尊为布业始祖

黄道婆又名黄婆或黄母，松江府乌泥泾镇人。乌泥泾镇也

徐汇区华泾镇黄道婆墓

黄道婆纪念馆陈列的织布机

就是现上海徐汇区唯一的镇——华泾镇。她被称为宋末元初著名的棉纺织家和技术改革家、中国古代棉纺织先驱。由于传授先进的纺织技术以及推广先进的纺织工具，她受到百姓的敬仰。清代时，黄道婆被尊为布业的始祖。

出身贫苦的黄道婆，少年受封建家庭压迫，流落崖州（今海南岛），生活在黎族姐妹中，并师从黎族人学会了运用制棉工具和织崖州被的方法。她的主要成就是教人制棉，推广搅车、弹棉弓、纺车等器具，传授"错纱配色"等技术。这一技艺也被概括为四个字"捍"（搅车，即轧棉机）、"弹"（弹棉弓）、"纺"（纺车）、"织"（织机），形成"错纱配色，综线挈花"

等织造技术。乌泥泾和周围一带人迅速掌握了先进的织造技术，一时"乌泥泾被"不胫而走，在大江南北流传使用。当时的太仓、上海等县都加以仿效。

黄道婆去世以后，松江府曾成为全国最大的棉纺织中心，松江布有"衣被天下"的美称。在乌泥泾，有些上年纪的老人至今还依稀记着一首民谣："黄婆婆，黄婆婆，教我纱，教我布，两只筒子两匹布。"

乌泥泾布匹"衣被天下"

黄道婆约在 1295 年从崖州返回乌泥泾。她回来后，就动脑筋改进家乡落后的棉纺织生产工具。江南松江一带原来使用的都是旧式单锭手摇纺车，功效很低，要三四个人纺纱才能供上一架织布机的需要。黄道婆就跟木工师博一起，经过试验，把旧式单锭手摇纺车改成三锭脚踏棉纺车，使纺纱效率一下子提高了两三倍。新式纺车很快推广开来。

黄道婆的手艺不是天生就有的。早年邻居中会纺线的妇女告诉黄道婆，有种棉线布厚实柔软耐用，适合干活的人。黄道婆边听边思，虚心学习。起初，她弹棉絮，弹得不透不净；卷棉条，卷得松紧不匀；纺棉纱，纺得粗一段、细一段。她坚持练习，熟练掌握了操作工序：剥棉籽，敏捷利索；弹棉絮，蓬松干净；卷棉条，松紧适用；纺棉纱，又细又匀；织棉布，纹均边直。

黄道婆毫无保留地向人介绍她自己总结出来的一套先进的织造技术，让乌泥泾出产的被、褥、带、帨等棉织物上有折枝、团凤、棋局、字样等各种美丽的图案，使这些棉织品成为一件件美丽的艺术品。

元末明初文学家、史学家陶宗仪在有关黄道婆的记载中写道，她主持开发的产品丰富，有窄幅的带、宽幅的被、轻薄的披肩、厚重的垫被，鲜艳如画，"粲然若写"。[1]

"乌泥泾被"不胫而走，销往各地，松江一带就成为全国的棉织业中心。16世纪初，当地农民织出的布，一天就有上万匹。18世纪至19世纪，松江布还销往海外，赢得声誉。当时称松江布匹"衣被天下"。其中，单锭手摇纺车更新改成的三锭脚踏棉纺车技术，比西方提早数百年。上海江南一带集镇，因棉纺织业的生产销售而形成、繁荣。

19世纪中国报刊政论家、记者王韬以敏感的报人眼光和笔触作了生动而概括的记载："自黄姑归后，织纴器具大备，机杼之声，比户相闻，濒海百里，数十万赋税，实半赖之。昔完正课之外，尚有余布，是以人民称殷实也。"[2]

---

[1] 陶宗仪：《南村辍耕录·黄道婆》，转引自《徐汇风貌资料摘编》总第十四期，徐汇区图书馆，2016年2月。
[2] 王韬《瀛壖杂志》。

黄道婆纪念馆

1980 年 11 月 20 日发行的黄道婆邮票

"衣食我民真众母，千秋报赛奏弦歌"

清朝人秦荣光曾写下竹枝词赞咏黄道婆："乌泥泾庙祀黄婆，标布三林出数多。衣食我民真众母，千秋报赛奏弦歌。"

老百姓热爱她、崇敬她。黄道婆逝世后，当地民众自发举行公葬并纷纷捐资建黄母祠。中华人民共和国成立后，江苏省文物管理委员会重修了黄道婆墓，种树并建墓园。北京国家博物馆里陈列着她的塑像和松江布。1980年11月20日发行了《J58中国古代科学家邮票（第三组）》邮票四枚，第4枚就是黄道婆。2003年，徐汇区文化局、华泾镇出资在墓地旁建造了黄道婆纪念馆，陈列展品300余件，展示了她一生所做的贡献。2006年，"乌泥泾（黄道婆）手工棉纺织技艺"被国务院列为第一批国家级非物质文化遗产。

马相伯：百年教育在徐汇

"国家之光，人类之瑞"

在中国教育史上，有一位深受人们敬仰的百岁学者。1939年11月5日，在他逝世的次日，《纽约时报》就刊登了4日当天发自上海的讣告和报道，报道评价了百岁老人的一生。他就是马相伯（1840年4月17日—1939年11月4日）。

这篇报道写道："曾经服务于外交界，在美国、朝鲜和其他国家代表清朝的中国退休官员，复旦学院和震旦大学创办人，著名学者马相伯去世，生年一百。他可能是最为年长的清朝官员了，尽管高龄却仍然看上去健康，并精力充沛地从事公共和著述活动，直到去世……他创办了震旦大学和复旦学院，他是复旦公学的校长和教授。他是著名的拉丁文学者和许多书籍的作

马相伯

者……马相伯生于江苏镇江，在家乡受过儒家教育，后来随父母移居上海，在徐家汇的圣依纳爵公学（后改称徐汇公学）学习，特别喜欢哲学。"

复旦大学教授李天纲全文翻译了英文原稿。有意思的是，李教授细心地发现，《纽约时报》记者写马相伯"百年"，日期是倒推的，误以为他1839年出生。实际上江南人"做九不做十"，1939年马相伯实为九十九岁。[1]《纽约时报》以最快的速度报道了马相伯逝世的消息，折射出他在海内外的影响。

七个多月后的马相伯百年诞辰之际，国民党中央致电评价他为"民族之光，国家之瑞"，中共中央致电评价他为"国家之光，人类之瑞"。

"东方日出，前途无量"

马相伯精通8国语言。1871年，他担任了徐汇公学的校长，并在晚年题写"汇学"二字。"汇学"之意，一为学校简称；二为办学之道，意蕴古今传承，东西汇通。复旦学院和震旦大学所在的徐家汇地区，是先后诞生南洋、震旦和复旦三所著名大学的地方，涌现出上海乃至全中国最早的新式学堂、近代首座私立大学等。马相伯在1903年租用徐家汇老天文台余屋，

---

[1] 《徐汇文脉》，2014年第2期，上海锦绣文章出版社。

马相伯晚年为徐汇公学题写的"汇学"二字

以"中西大学堂"的理念，创办震旦大学院（徐汇区第二中心小学是其旧址）并任院长。校名"震旦"为梵文，"中国"之谓，含"东方日出，前途无量"之意。获悉中国近代第一所私立大学创办，梁启超曾著文祝贺："今乃始见我祖国得一完备有条理之私立学校，吾欲狂喜。"

1905年春，马相伯在江湾另行筹建复旦公学（今复旦大学），于当年中秋节正式开学，马相伯任校长兼法文教授。"复旦"二字出自《尚书大传·虞夏传》中的名句"日月光华，旦复旦兮"，意在自强不息；另者，"复旦"还有不忘震旦之旧，更含复兴中华之意。1902年，马相伯筹建震旦女子文理学院（1952年改名为上海市向明中学）。1906年，他赴日发表演说，勉

复旦大学老校门

励留学生："救国不忘读书，读书不忘救国。" [1]

1913 年，马相伯任北京大学代校长。1932 年组织"中国民权保障同盟"，被尊称为"爱国老人"。

源远流长 枝繁叶茂

百年老校、名校留下了难忘的历史记忆。1839 年，法国天主教会在今漕宝路天主堂内设读经班（后改民新小学）。越10 年，徐家汇天主教耶稣会收容难童，施以教育，翌年正式创立徐汇公学（今徐汇中学），是外国教会在上海最早开办的

[1] 微信公众号"徐家汇源景区"，2016 年 12 月 29 日。

马相伯题写的徐汇中学校名

新式学堂。1896 年，盛宣怀创设南洋公学（今交通大学），初设的师范院，开中国近代师范教育的先河；其外院（后称下院，附属高小，即今南洋模范中学）编辑的教科书、设置的乐歌课，都为中国学堂首创。戊戌变法后，民间人士唐祖瀛、吴绍基先后开办漕溪小学堂和蒙养小学堂。1909 年，上海国人最早创办的民立南洋中学堂迁到日晖港西畔。走进浦北路 268 号徐汇区档案局，参观"徐汇记忆"展会，并翻阅《上海地方志 - 徐汇区志》和"徐汇教育"等文档，可以了解徐汇区百年中小学的历史底蕴和办学特色。其中包括——

徐汇中学　1850 年建立，始名徐汇公学（圣依纳爵公学）。

校内有一幢具法国文艺复兴时期风格的建筑崇思楼。江泽民1940年代在交通大学就读时曾寄宿于徐汇中学。

上海中学　1865年建立，前身为龙门书院，是上海最早的地方官办的新学。1985年江泽民为上海中学建校120周年题词"乐育菁英，譬之树木。喜看桃李，蔚然成材。"

市四中学　1867年建立，前身为经言小学，1898年改名崇德女校，专收教会女生，开沪上女子学校之先河。后分别名为徐汇、启明、汇民女子中学。1952年改名为上海市第四女子中学。1968年发展为上海市第四中学。2011年上海市淮海中学加入上海市第四中学。

南洋中学　1896年建立，始名育材书塾，是国人自主创办的第一所新式中学。1900年，王培孙接办育材书塾，后改名为南洋中学。

南洋模范中学　1901年建立，前身是南洋公学附属小学堂，是中国人自己创办的最早的新式学堂之一。学校培养引导学生成为"求知的模范、

马校長相伯
1840—1939

blog.sina.com.cn/u/2125738330

徐汇中学内的马相伯雕像

生活的模范、爱国的模范、进取的模范"。1950 年 4 月，毛泽东为南洋模范中学壁报题名"青锋"。2001 年江泽民为南洋模范中学建校 100 周年题词。

市二中学 1902 年建立。是中国最早的由国人创办的女子学校之一。

......

除了 17 所百年中小学外，上海交通大学也坐落于徐汇区域内的华山路。上海交通大学 1896 年建立，始名南洋公学。1921 年取名交通大学。[1]

百岁学者马相伯和徐汇百年老校、名校，为人们留下百年教育的历史思索和发展梦想。

[1] 参阅本书《交大基因：地上泥土宇宙星》。

金铃塔：龙华盛景今安在

风吹金铃丁零零

"风吹金铃丁零零，雨打金铃丁零又丁零"。"金陵宝塔第一层，一层宝塔有四只角，四只角上有金铃……这座宝塔造得真伟大，全是古代劳动人民流血结晶品哪，名胜古迹流传到如今。"

每逢《金铃塔》的演唱者熟练融合贯口、快口、绕口技巧，咬字清楚，舌如鼓簧，妙语连珠，快而不喘，拖音长腔，先低后高，越唱越高，观众必会报以满座掌声。《金铃塔》通俗形象地描绘了上海中心城区唯一宝塔——龙华塔。

桃花映衬龙华塔

"龙华晚钟" 八景前三

龙华塔外形八面，内室方

形，飞檐高翘，七层八角共悬 56 只铜铃。龙华塔旁有龙华寺。龙华寺始建于三国吴赤乌年间（238—250）。当年龙华镇就以龙华塔龙华寺得名，唐代属华亭县，宋代名龙华村，元代称龙华铺、龙华里。元代以前，这里还是一个小村落。清代时，昔日的龙华村成为繁华集镇。清乾隆《申江竹枝词》描述了龙华镇当时的盛况："三月十五春色好，游踪多集古禅关；浪堆载得钟声去，船过龙华十八湾。"它还记载了"沪上八景"，龙华八景位于前三，即：海天旭日、黄浦秋涛、龙华晚钟、吴淞烟雨、石梁夜月、野渡兼葭、凤楼远眺和江皋雾雪。

龙华晚钟

民国时期的龙华塔

集邮家哲夫撰著的《旧上海明信片》一书[1]，载有"龙华晚钟""龙华塔""龙华寺"三张明信片，其中一张的左上角贴着 1923 年香港邮票，邮戳显示是由香港大学寄往美国丹佛。明信片上的龙华塔既气势恢弘，又精巧玲珑。龙华盛景形象，通过明信片越洋传到海外。

庙会桃花 新年撞钟

除龙华塔、龙华寺以外，龙华庙会、龙华撞钟也成为海派

[1] 学林出版社，1999 年。

文化的传统特色。说到每年农历三月初三的龙华庙会，当地老人还记得一段神话传说。

七层高的龙华塔古时塔顶曾有一盘，盘里养着两条鲤鱼，鱼儿不时跳跃，激起滴滴水珠四处飞溅。不论天气如何旱燥无雨，盘里的水总是满满的。人们在塔下目睹此景，都连声称奇，说它是镇塔的宝物。到明代嘉庆年间，塔旁的龙华寺里住进一位脾性怪癖的和尚。他平时独坐一室不说话，也不见前来看望他的家人。有一天半夜，这位和尚突然大叫一声："住手！哪一个敢盗宝物？！"说完，他手拿一根禅杖走到房外，到了庭中腾空而起，很快消失在漫漫云海之中。隔了好久，他才气喘吁吁回到寺里。他告诉别人："有妖人来偷塔上宝物，我去追，被我用杖打着了，才丢下宝物仓皇逃走。"第二天，众人去看，塔顶的盘果然不见了。后来寺里的人知道，那个盘落在河中，天旱水浅时还可看到，但就是拿不上来，无论有多少人去搬捞，盘都纹丝不动，好像生了根似的。由于这位和尚的仙逝之日是农历三月初三，所以每到这一天，龙华镇上总要举行庙会，集市上人山人海，挤得水泄不通。每年的龙华庙会盛况，前后都要持续半个月之久。[1]

"三月游龙华，逛庙会，看桃花"。大量来自乡村的农民

---

[1]《上海滩野史》，江苏文艺出版社，1995 年。

摇着小船，带着儿女，成群结队地涌入龙华寺，祈求农作丰收，蚕花兴旺；大量来自城区的市民也坐着马车，穿着盛装前来龙华寺。这就是历史上有名的"龙华香讯"。清代《申江竹枝词》云："车如流水马如龙，轮船帆船白浪中，香讯赶齐三月半，龙华塔顶结烟浓。"

阳春三月，桃花盛开，花、树、寺、塔、园、桥、港、湾构成一幅五彩缤纷的江南风情画卷，成为上海市郊一处富有特色的名胜风景区。访古、登高、礼佛、进香、寻春、赏花、觅景、购物、观剧，使三月龙华游人如潮，摩肩接踵，车马充塞，

龙华庙会

热闹非凡，恍若近代的《清明上河图》叠现在江南水乡。[1] 龙华寺内钟鼓楼上有大钟一口。钟声悠扬。每逢除夕，中外游客汇集于此，聆听零时的"百八钟声"，迎来新年。龙华撞钟习俗沿袭至今，甚至人满为患、一票难求。

当年的龙华盛景，如今虽不会照搬重现，但海派文化中的优秀传统因子，依然复制衍生。徐汇区文教部门已把《金铃塔》等上海说唱这一艺术品种作为非物质文化遗产项目来抓，还成立说唱研究会暨说唱传习所。有的街道成立说唱艺术沙龙。有的小学安排学生一边说唱，一边学会地道的上海话。在充满"上海味道"的说说唱唱中，人们自然会想起"金铃塔"的熟悉曲调，想起值得回味的"龙华盛景"。

---

[1] 《龙华胜景》，引自《上海地方志》。

土山湾：最早的中西文化艺术熔炉

镇馆之宝 惊艳亮相展厅

蒲汇塘路 55 号的土山湾博物馆展厅有一座精雕细刻、高高耸立的中国牌楼。这是一座至今已在四届世界博览会上亮相展示的大型黄杨木雕中国牌楼。牌楼四柱三间楼阁式。正面金字匾文"功昭日月"，背面"德并山河"。雕工精致华丽，阁顶和柱子上，蟠龙吐珠。柱墩抱鼓石旁，狮子嬉戏，

土山湾牌楼

形态夸张传神。精湛的木刻工艺、精细的雕刻和精妙的中华传统文化图案，让这座中国牌楼成为镇馆之宝。

100多年前雕刻而成的这座中国牌楼，曾经流落海外。这家博物馆还陈列着一个彩绘玻璃雕花橱柜，也曾经离开故乡，同样在百年后回到自己的诞生地。中国牌楼和彩绘玻璃雕花橱柜这两件珍宝百年回归，蕴含着曲折真实的感人故事。

百年珍宝 牌楼唤醒记忆

清朝道光年间徐家汇南面的肇嘉浜一带，因疏浚河道，挖出的淤泥在河湾处堆积成山，这一地区人们称它为"土山湾"。1864年，西方教会在此创设一个孤儿院。土山湾孤儿院收养6—10岁的孤儿，并教他们学工艺美术。牌楼

土山湾画馆的图画课（20世纪初）

是 1912 年在德国建筑师葛承亮（Alousius Beck）的指导下，由上海土山湾孤儿工艺院数十位孤儿雕刻而成。当年土山湾孤儿院旧址，就是如今的土山湾博物馆。

1915 年旧金山"巴拿马—太平洋"世博会，中国牌楼首次展出。会

土山湾中国牌楼在美国旧金山巴拿马—太平洋博览会社会经济馆展出（1915 年）

后，被美国芝加哥菲尔德自然历史博物馆重金购去。1933 年芝加哥世博会，中国驻芝加哥领事和该馆签约，把中国牌楼送去展出。1939 年，它在纽约世博会上再次展出。之后，它几乎是支离破碎地流转到了一位瑞典学者手中。

2007 年 6 月 20 日，上海举行土山湾文化历史讲坛。一位瑞典学者从网上获悉土山湾讲坛的消息后即来联系。徐汇区文化局与瑞典学者反复确定牌楼的真实身份、征集价格和运输的全部细节。双方在 2009 年 4 月签定了转让协议书后，再花了 4 个月时间把牌楼从瑞典运回上海。但是，运抵启封后，发现牌楼早已散架失型，一段段被拆下的木料部件，看

起来是一堆破烂不堪的烂木头。经过研究，特别是对照了至今留存的 1933 年参加芝加哥世博会的影像资料，最后原样修复，终让近 6 米高的中国牌楼重新站起来。

抬头仰望，可见牌楼屋顶每一开间上都架有屋檐，其檐角伸展出的飞檐上饰有 4 只小狮子，保护牌坊不受"妖魔"骚扰。支撑屋顶的 8 根柱子上都饰有蟠龙，柱子的表面还被雕刻成枝繁叶茂的竹子。整个修复过程如搭"积木"。建于百年前的牌楼运用中国传统的建筑手法，不用一根卯钉，数千部件重新聚合搭成。

2010 年中国上海世博会成功举办，重新矗立的中国牌楼，赶在举办期间亮相，这成为它与世博会的第 4 次结缘。

意外惊喜　橱柜越洋回归

就在中国牌楼的电视节目播出后，一封寄自美国的快递送到了上海徐汇区文化局，收件人姓名写着"宋浩杰"。徐家汇历史文化研究会理事长、徐汇区文化局原副局长宋浩杰打开一看，里面有 8 张照片和一封信。8 张照片分别拍摄了一个带有彩绘玻璃、雕刻精致的橱柜全照和它的局部照。写信人是卡瑞博士。他在信中记叙了他拍卖彩绘玻璃雕花橱柜的故事。

原来，20 世纪 70 年代，居住在旧金山的卡瑞博士在一次拍卖会上拍下了这只正面镶嵌有彩绘玻璃的雕花橱柜。精致的雕刻工艺和彩绘玻璃令他惊叹不已，橱柜木柱上雕刻着腾云驾雾的五爪云龙，木料是中国珍贵的黄花梨。橱柜背面标注的"1915 年美国旧金山巴拿马太平洋国际博览会"的参展标签，更是让他感受到这件作品的稀缺。直到有一天，卡瑞夫妇发现在橱柜左门中间一块彩绘玻璃上刻有法文字母"T' ou-Sè-Wè"，上网搜索后发现这是上海徐家汇土山湾的法文缩写。于是，抱着试试看的心情寄了一封越洋快递，并附上 8 张橱柜照片。

文物专家详细分析后，确认橱柜出自土山湾工艺院。原来，在 1914 年，这个橱柜和土山湾宝塔、土山湾牌楼、屏风等许多物品一起装船运到美国旧金山参加了巴拿马太平洋世界博览会。《圣克拉大学加州耶稣会 1310 号文档》中记载"那一次博览会土山湾运去的全部展品一共是 150 吨"。博览会结束后，随着时间的流逝，部分土山湾艺术品流传到了民间。

2013 年 10 月 25 日，橱柜从卡瑞博士所在的俄克拉荷马市运往港口城市休斯顿，12 月 1 日到达上海。这个百年前从徐家汇走出的精美橱柜终于回到了土山湾博物馆。

陈列在土山湾博物馆的彩绘玻璃雕花橱柜，高 2.13 米、宽 1.52 米、厚 0.41 米，在灯光透射下，格外精致。正面两侧橱门的 6 块彩绘玻璃取材于"琴瑟和合""文君当垆""渊明对菊""林逋赏梅""七擒孟获""刘备招亲"等中国传统故事。

　　百年前就有人这样描述土山湾彩绘玻璃："近日新添彩绘玻璃,将人物兽鸟彩画于玻璃之上,后置炉中煨炙,彩色深入玻璃内,永久不退。中国彩绘玻璃,此为第一出品处。"[1]1940年出版的《中国美术工艺》这样记载评价土山湾彩绘玻璃："其绘画师约有四十余人,所绘者均为圣洁之宗教画,

土山湾彩绘玻璃雕花橱柜

[1] 张璜,《徐汇纪略》1914年。

土山湾孤儿的彩绘画玻璃名传中外

或于纸，或于布，或于石，或于玻璃，无不精美。而花玻璃，更为远东独步者也。"

油画雕塑　印书出版

除了中国牌楼和彩绘玻璃雕花橱柜，土山湾博物馆陈列展示的其他诸多实物照片史料，见证了上海近代史上早期中西文化的交流融合，展示了海派文化衍生发展的轨迹。徐悲鸿就曾说："中西文化之沟通，该处（徐家汇）曾有极其珍贵之贡献。土山湾亦有习画之所，盖中国西洋画之摇篮也。"[1]

土山湾印书馆起初沿用传统的木版印刷，后以活体铅字印刷，在 19 世纪 70 年代使用石印工艺，是中国最早用石印术的场所，它的铜版、珂罗版和三色版等制版技术，当时居领先地位。到 1934 年，土山湾印书馆共有印刷工人和学徒 130 人，之后每年平均出版中文书刊 60 种，35 万册；西文书刊 50 种，75 万册。书籍内容包括宗教、科学、人文、教育、社会、音乐等。其中还至少出版了 15 本上海方言著作，真实反映了近百年来上海话的变迁。

法国传教士史式微在《中国概况》一书中这样评价土山湾印书馆："所有出版的书铺就了一条黄皮肤与其他肤色人

土山湾博物馆藏品——石印机

[1] 《新艺术运动之回顾与前瞻》，1943 年。

们之间的道路。"[1] 沪语研究学者钱乃荣评价说："土山湾印书馆等印刷出版的沪语著作，用一方水土的方言写下了一方的水土，它对大上海的繁荣轨迹，对海派文化的形成，具有认知和钩沉作用。这一定会让我们对上海这个奇特城市文化底蕴的理解更为感性、更为深切"。[2]

修复飞机　工匠留下财富

20 世纪初，莱特兄弟发明飞机后，20 多岁的法国冒险家环龙带着飞机来上海表演，因为一个零件故障，经人指引找到了土山湾工艺所，工匠们的维修技艺让他非常满意。他说："这里的条件与在巴黎的一样好"。[3]

修飞机的工匠师傅和学徒们属于土山湾的五金部。五金部还制造教堂大钟、大小风琴、各种铁器和餐盘、烛台等。制品或金银铜镀饰，或雕镂花彩，反映出土山湾工艺的丰富成熟。

土山湾博物馆已经载入了中国近代文化发展的史册。研究上海历史的苏智良教授称土山湾为"中国最具规模与影像的西方文化传播源"。[4]

[1]《影像土山湾》上海文化出版社，2012 年。
[2]《徐汇文脉》，上海锦绣文章出版社，2015 年。
[3]《影像土山湾》，上海文化出版社，2012 年。
[4]《土山湾的由来及其演变》，新民晚报，2008 年 6 月 16 日。

藏书楼：保护百年珍本典籍

"徐家汇那里有一栋优雅的历史建筑——藏书楼，闹中取静。郁郁葱葱的树木和干净安静的藏书楼相映成趣。雅室书香总是很令人心旷神怡。"这一篇网友点评，跟帖在网络搜索"徐汇藏书楼"的词条后面。网友还知道它和其他历史建筑景点明显不同。

歼灭"啃书蠹虫"

徐家汇藏书楼始建于 1847 年，是上海现存最早的近代图书馆，也是我国西学东渐和东学西传的缩影。当年藏书楼大门紧锁，唯有外国神父可以出入藏书楼。1957 年，人民政府接管藏书楼。整理藏书楼的工作全面展开。工作人员把 100 多只高高碰到天花板顶书架上堆着的二三十万册图书全部翻了个身，仔细捉出蠹鱼，并放药杀虫。那里有些书的年龄，比藏书楼的历史还要多几倍，它们成为蠹鱼蜗居取食、繁衍生殖最理想的地方。有的书已被它们啃得遍体鳞伤，甚至已经没有一个完整的书页。

1931 年的徐家汇藏书楼

　　为了歼灭正在吞食人类文化财富的"啃书蠹虫"，藏书楼员工在当年夏冬，捉出蠹鱼多达成千上万条。补书技术人还把损坏严重的 2000 多册书籍，一一修补，精心装裱，让破损的珍籍尽量恢复原样。[1]

各方破解"地铁危情"

　　20 世纪 90 年代初，徐家汇一带开始建设地铁。地铁工程沿线离藏书楼很近，建造过程给陈旧的老房子带来地沉墙裂、楼塌书毁的严重危情。《新民晚报》1991 年 11 月 5 日发表了

[1]《新民晚报》，1958 年 2 月 4 日。

报道《救救徐家汇藏书楼》。

文学泰斗巴金获悉藏书楼危情后，对前去采访的记者说："我们这么大的国家，有五千年的文化，有四大发明，有10多亿人口，为什么连一座藏书楼都不能好好保存？如果连藏书楼都保存不好，还谈什么文化建设呢？"11月8日，他致信《新民晚报》指出："徐家汇藏书楼远东闻名，有一部分珍藏十分宝贵。我们要振兴中华，建设精神文明，提高整个民族的文化素质，首先就应该珍惜前人留下的精神财富，多做一些这方面的实事——我相信在社会各界热心人士的关心下，藏书楼一定会很好地保存下来。"[1]

题为《珍惜前人精神财富，提高民族文化素质》的这封来信，在媒体发表后，引起各方强烈反响。地铁施工调整方案，社会捐赠先后展开。

早在20世纪80年代中期，上海市政府已经决定新建一座规模较大的上海图书馆新馆。1988年，市政府在龙吴路新建了10800平方米的书库作为应急书库。地铁施工引起藏书楼危情后，中共上海市委宣传部在1991年11月11日现场考察办公，做出3条决定：成立藏书楼紧急防护领导小组；当月底前把30万册古籍转移到龙吴路应急书库；调拨30万元款项，购

---

[1]《新民晚报》，1991年11月9日。

买 20 台吸潮机、8 台吸尘机、3 台空调机，并承担其他有关全部费用。之后，耗资约 1000 万元的大规模修缮工程，又在藏书楼里里外外全面展开。藏书楼得到全面加固修缮，珍典名著终于能够安然保存。

百年文化财富底蕴丰厚

徐家汇藏书楼藏有西文珍本共计 1800 种 2000 册，最古老的是两部西洋摇篮本：1477 年在威尼斯出版的《世界各地》

徐家汇藏书楼

徐家汇藏书楼藏书库

徐家汇藏书楼内景

拉丁文初版和 1480 年在米兰出版的《曼德威尔游记》意大利文初版。前者是和《马可孛罗游记》同年出版的西方和东方游记，后者是和《马可孛罗游记》齐名的中世纪提及中国的游记作品。德国耶稣会士基歇尔的《中国图说》，汇集了中国宗教、世俗和各种自然、技术奇观及其有价值的实物资料，是早期汉学著作中非常有特色的一部。《中国图说》于 1665 年在罗马刊印拉丁文版本，徐家汇藏书楼藏有 1667 年的阿姆斯特丹拉丁文版和 1670 年的法文版，它记述了传教士在中国的所见所闻，还配有精美的绘图，被视为当时欧洲了解中国的"百科全书"。

上海图书馆资源布局调整后，中文资料搬了出去。原先排架按照经、史、子、集、丛书五部，放了五间多点，地方志全部放在朝北大通间里，集中了全国各个省、府、州、县地方志 12 万多册。藏书楼有的工作人员随身带着很多钥匙，一把一把，围成一个大圆盘，丁零作响，每次进大书房，一道一道，要开好多门。进书库就像是对书的朝圣，1800 年之前的古书，他们都用牛皮纸包起来。[1]

---

[1]《文汇报》，2015 年 5 月 22 日。

记录上海开埠前后的珍贵资料

开埠后的上海华洋混杂，成为一个重要的出版中心。徐家汇藏书楼所藏近代报纸期刊的数量、质量可以说超过世界上任何一个图书馆，其中包括：字林洋行1861年出版、1872年停刊的《上海新报》，是上海最早的中文报纸。中国发行时间最久的《申报》，1872年在沪创刊，1949年停刊。还有难得的外文报刊珍本，包括上海最早的西文报纸《字林西报》（1850—1951），以及当时工商界的名册《字林西报行名录》等。这些报刊成为开埠后研究上海的重要资料和素材。

1843年5月4日英国出版的《便士》杂志上，有一篇题为《上海》的文章，记录了港口的繁忙，"7天中，有400艘载重100吨到400吨的船只进出上海。而伦敦在1838年时进出船只的吨位还未超过400吨。"文章写道，由于在冬天上海因寒冷，航运中断4到6个星期，但其商业活动还是比英国的首都来得活跃。这本《便士》杂志就收藏在藏书楼。[1]

上海图书馆徐家汇藏书楼致力于保护百年珍本典籍。藏

[1]《文汇报》，1965年11月5日。

书楼现址收藏自 1477 年至 1950 年出版的外文文献计 32 万册，文字涉及拉丁文、英文、法文等近 20 个语种，内容覆盖各个领域。还有各省市方志 2500 多种，报纸 167 种，杂志 1794 种。还珍藏了 1800 年前出版的西洋善本中的早期中外语言对照辞典、中国经典西译版本、中国文学经典西译版本、欧洲汉学资料等。

观象台："世纪气候站"的百年奥秘

每天早晨收听天气预报，都会听到"昨天徐家汇最高温度达××摄氏度"、"今天市区最低温度是××摄氏度……"。这里说的上海"市区""徐家汇"，具体地点就是设立在"徐家汇观象台"原址的徐家汇气象站。

雨量数据　无一涂改

徐家汇天文台至今完好保存着一张张雨水气温表格数据，成为百年来连续不间断、完整观测记录的科学珍档。

"1872年12月1日，徐家汇最低气温为4.8℃，最高气温为16.9℃。"以上数据，被记载在徐家汇观象台当天的观测日志上，从此开启了上海地区连续140余年气象观测记录的篇章。

在徐汇区档案局，珍藏着1946年到1949年徐家汇观象台每日气温和雨量记录表。其中一张表格横12列，纵31列，每个格子记录了1946年从1月至5月徐家汇地区的天气数据。每个数字，分别有最高、最低两个统计口径。单位为"℃"。

每天数据用墨水笔工整记录。一张张表格最后合辑成一本，封面上的繁体字记载着"上海徐家滙天文台綠送"，所有表格格子内全部写满，字迹清晰，无一涂改痕迹。

百年气象 城市气质

浏览《方志上海－徐家汇观象台》，可以看到申城的百年气象发展史：17世纪中叶，西方先后发明了气压表、温度表等气象仪器，18世纪到19世纪，近代气象科学随着西方传教士的东渡而传入中国。1872年8月决定在徐家汇建立一座观象台，将气象记录和观测结果编成年报，在上海出版并寄往欧洲。经筹划后，徐家汇观象台于1872年12月1日开始气象观测。1874年，徐家汇观象台还开始进行简要的地磁要素观测。

徐家汇观象台于1873年动工，同年8月建成平房

1879 年 7 月 31 日，上海遭强台风袭击，海上舰船损失巨大，观象台筹设航海服务部，从 1882 年 1 月 1 日起，正式向上海各报发送中国沿海气象预报。1884 年 9 月 1 日外滩信号台（即今延安东路口）正式成立，并每天定时悬挂报时和气象信号，为停泊在黄浦江和进出上海港的舰船服务。这是徐家汇观象台在气象业务发展上的重大转折。

1900 年，一幢新的观象台在蒲西路 166 号建起。主楼楼面还有大钟一座，逢刻奏乐，遇时鸣钟，为周围居民授时。1901 年，徐家汇观象台在上海西南的佘山山顶建立一座圆顶的佘山天文台，开始对天文星象及太阳的观测、计算、研究等工作。1914 年 5 月 18 日起，每日 2 次向海船播发时间信号和海洋气象预报。1920 年 3 月 1 日起，又在无线电台播发

观象台新楼于 1900 年落成，砖塔高 40 米

日常气象公告后，增加每天 11 时和 17 时发布高空气流情况，开展为航空服务。这样，将气象服务面又从海洋扩大到航空方面。法国专家魏扬波研究发现：刊登在英文日报《Shanghai Courier》上的气象信息受到了很高的评价，尤其是在台风季节里得到船长们的好评。[1]

"癖好"不变　热忱不改

坐落在漕溪北路 280 号、具有文艺复兴风格的上海观象台三层建筑，默默地记录着这座城市的阴晴、冷暖、雨旱等风云变化。即便是历经战火纷飞的年代，它的观测工作也从未中断过。

徐家汇观象台

---

[1]《徐光启与〈几何原本〉》第六节"科学发展：气象台"，上海交通大学出版社，2011 年。

　　上海气象台原台长吕东明还曾回忆了这样一件事：1951 年上半年，徐家汇观象台有一位抄了几十年气象电报的姓彭的老职工，抄收气象电报成了他的"癖好"，没事就抄收各种各样的气象电报，他从中发现了东京美军总部播发的各种气象电报，包括南韩美军各机场的气象报告、飞行航线天气报告等。他主动把这些信息提供给组织，当时很快就被抗美援朝前线各空军部队所采用。这应算是上海气象工作者对抗美援朝战争的一项支援。[1]

　　中国近代气象事业连续留下了百余年宝贵气象资料，以及具有百年历史、风格独特的气象建筑，其科学和文化价值是十分重要的。上海气象事业的历史发展，也见证了上海都市港埠的发展。2012 年 11 月 13 日，世界气象组织（WMO）秘书长雅罗授予上海徐家汇观象台国际"世纪气候站"证书，表彰其连续 140 年收集的长时间序列气候资料，对世界气象组织全球系统和计划做出的突出贡献。由此，上海徐家汇观象台成为中国唯一的"世纪气候站"。

[1] 吕东明《徐家汇观象台的今昔》。

大教堂：不仅是高耸的哥特式尖顶

中西文化在徐家汇汇合

每次路过徐家汇，抬头向西一瞥，总能看到位于蒲西路上的徐家汇天主教堂。天主教堂为双塔尖顶的哥特式建筑，高56.6米，其中青石板瓦覆盖的尖塔顶端为十字架。大教堂以

徐家汇大教堂

它高耸的中世纪哥特式尖顶特色，在一本本历史建筑画册上留下全国重点文物保护单位、上海市级文物保护单位、首批中国20世纪建筑遗产等经典印记，更因徐家汇天主教堂所在的徐家汇地区，在上海乃至中国近现代教育文化史上留下了深刻印痕。西方宗教文化和中华传统文化一样，被吸纳汇合在徐家汇地区。

《结婚进行曲》奏乐声中步入教堂

春天的一个下午，蒲西路158号的徐家汇天主教堂内，一对新人正在举行教堂婚礼。那天婚礼开始时，来宾们在《结婚进行曲》奏乐声中步入教堂。在点蜡烛仪式后，牧师领唱歌班进场。接着新郎新娘陆续进场，他们虔诚地回答问题，在分别誓约"我愿意"后，深情交换戒指。

教堂里端坐着新人的双方家长、亲朋好友。他们打量四周，看到大教堂纵向有前厅、中厅、后厅，后厅之上是唱诗楼。会堂高26.6米，挺立着64根大小立柱，每根立柱用10根小圆柱组合而成。百年前建成的号称"远东第一大堂"，可同时容纳约3000人，座椅可容纳千余人。中间横廊的窗上，有美丽的窗花图案，据说是神父修女自制贴上去的。大堂的顶部回廊，通过网状设计结合空气动力学原理，让至少三层楼高的大厅不用人工清洗高位玻璃，而且保证在教堂的任何一

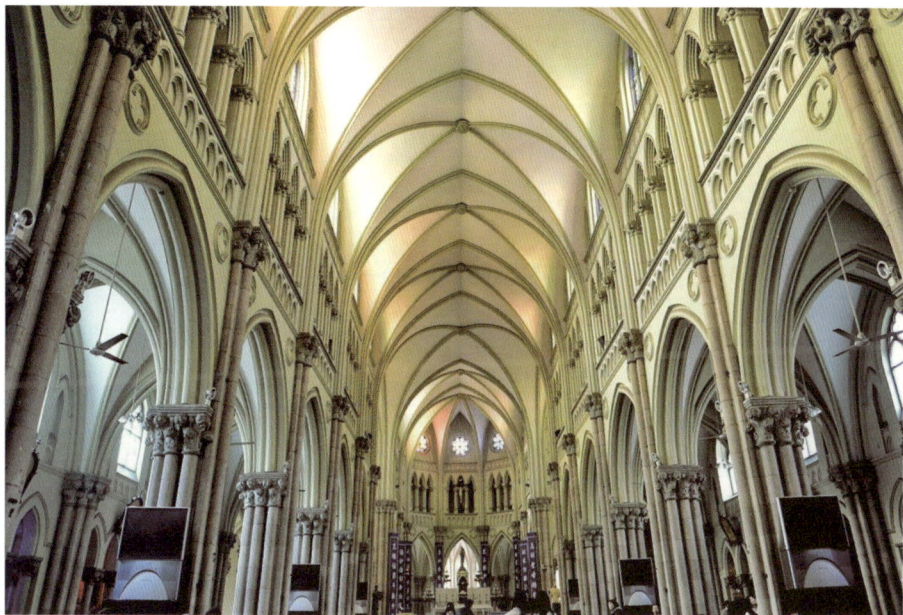

大教堂内部

个地方用平常声音说话就能传到教堂的任何一个角落。

教友纷纷参加追思会

冬日的一个中午，衡山路 53 路国际礼拜堂里，几百位老伯伯老奶奶在做完礼拜后，留下来为一位已故八旬女教友举行追思会。刚刚离世的那位老奶奶，生前每星期天的清晨总会来到国际礼拜堂。虽然她不能准确叫出其他教友的全部姓名，但当这位老人在医院病床上最后安然闭上眼睛后，无论是认识、还是不认识她的教友，都无例外地前来参加她的追思会。他们之间就像家人朋友一样，为她反复祈祷。

宗教文化在徐家汇周边留下不会抹去的许多烙印。

法国专家评价当年文教活动

土山湾博物馆里有一张"教育文化机构"大表格，上面记载了 1847 年至 1920 年间创办的 13 家教育科学机构名称、始创时间等。它们分别是：徐家汇藏书楼（1847 年）、徐汇公学（1850 年）、土山湾孤儿工艺院（1864 年）、崇德女校（1867 年）、徐家汇博物院（1868 年）、徐家汇天文台（1873 年）、圣心报馆（1887 年）、震旦学院（1903 年）、启明女校（1904 年）、复旦公学（1905 年）、类思小学（1884 年）、圣教杂志社（1912 年）、汇师中学（1920 年）。

2007 年，北京中国学中心的法国专家魏扬波给上海举行的"纪念徐光启暨《几何原本》翻译出版四百周年国际学术研讨会"提交了他的一篇专题论文，描述了当年徐家汇一带的文教活动，仿佛是给土山湾博物馆里的那张大表格提供背景注释：

"他们修建了大型综合建筑，包括学校和科学观象台，其中许多建筑在 20 世纪 90 年代改造徐家汇的时候被毁。然而还有相当一部分依然存在，其中包括著名的徐家汇藏书楼和 1910 年间的华丽的圣依纳爵主教座堂（徐汇天主堂）——在教育方面，他们首先将目标定位在制定一个体系，引导学生从小学读到中学，并使最有才能的学生应试科举或是继续深造。

到了 1860 年的时候，他们负责了江南（江苏、安徽）地区内的 5600 个学生的教育，包括 224 个男子小学和 89 个女子小学。1842 年的上海是一个有约 15 万居民的城市。""就在徐家汇这个基地，耶稣会为中国近现代教育的发展，

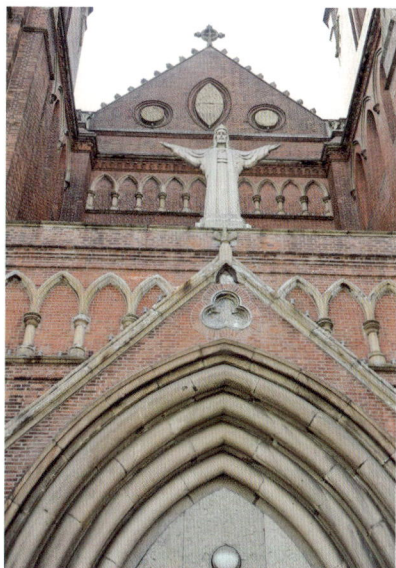

大教堂外墙

为把上海转变成为一个国际知名的科学中心做出了相当大的贡献。"[1]

离开徐汇天主教堂前，人们常常会回头再打量一下这座落成于 1910 年的大教堂。它是天主教上海教区主教座堂，原称为"圣依纳爵堂"。教堂高五层，建筑面积 6670 平方米。它那两座钟塔的尖顶及十字架，在 1966 年"文革"期间被拆毁，教堂改为果品仓库。1982 年修复了钟楼尖顶。[2] 近年又对教堂进行全面修缮，2017 年 12 月 16 日重新开堂。如今，大教堂的哥特式双塔尖顶依然耸立，它在夕阳余晖的映射下，别有一种景色。

[1] 《徐光启与＜几何原本＞》，上海交通大学出版社，2011 年。
[2] 《徐汇区文物志》，上海辞书出版社，2009 年。

交响乐：海派文化的音乐记忆

曾为远东第一

交响乐，形成于 18 世纪中叶的欧洲。1918 年圣诞节过后第三天，一艘从香港开出的大英轮船驶近上海港，一位意大利人来到了上海。他就是钢琴家和指挥家梅百器（Mario Paci）。

1919 年初，梅百器在上海举办了 3 场音乐会，获得成功。特别是第 3 场音乐会，他以钢琴兼指挥的风采赢得了听众的心。他被任命为上海工部局所属交响乐队的指挥。他用几年的时间将其发展成为远东第一的上海工部局交响乐队。[1]

梅百器

[1] 《文汇报》，2016 年 11 月 1 日。

上海工部局乐队在大光明戏院演出贝多芬第九交响乐

万余观众欢呼

1954 年起，上海交响乐团指挥为陆洪恩。他回忆了这样一件事：当年在纪念冼星海的盛大音乐会上，交响乐团在文化广场向 12000 名听众演奏了冼星海的作品《满江红》《新中国狂想曲》和《黄河大合唱》等。演出结束时，听众欢呼起来，为新中国音乐事业的成绩而欢呼。"[1]

市长温馨关爱

上海交响乐团原位于湖南路，门开在淮海路上，大门口里

[1]《上海交响乐团的今与昔》，《文汇报》，1957 年 9 月 2 日。

上海交响乐团湖南路旧址

是一条狭长而窄的通道，只容一辆车通过。里面最早是一个占地约 30 亩地的大花园。

据说，是一个爱好火车模型的英国人在花园周边铺设了一圈轨道收藏小火车。1931 年民国元老张静江的侄子、"古钱大王"张叔驯从英国人手里购得这片花园。抗战后，张叔驯一家辗转去了美国，房子先是出租，后来卖给了当时沪上著名的交际花蓝妮，成为孙中山之子孙科二太太的别院。蓝妮与孙科分道扬镳后以 10 万美元的价格卖给国民党政府官员，中华人民共和国成立后这幢洋房收归国有。

1950 年 2 月，交响乐团举行皖北救灾音乐会，高芝兰、周小燕独唱普契尼歌剧《蝴蝶夫人》选段，因歌剧描写美国军官，又正值抗美援朝，演出受到一部分人的批评；加之乐团中仍有许多外国乐手、演奏的音乐又都是欧洲古典作品，便有人想解散乐团。但是，时任上海市市长陈毅批示，说"交响乐是个好东西，不能取消"，乐团才被保留了下来。陈毅市长还给乐团改善条件，将湖南路的洋房批给了上交。昔日的名媛府邸，在接下去的半个多世纪里成了高雅音乐的文化殿堂。

陆洪恩曾这样描述位于湖南路的乐团之家：

当年（1957年），上海市文化局领导特意为交响乐团盖了一座排练厅，可供80多人的乐队排练，有容纳400名听众的席位。而新中国成立前工部局乐团却放在四马路（今福州路）的小菜场楼上。如今走进乐团大门，两旁梧槐葱郁，蔓藤绵连，松柏互依，花蝶争辉。一条幽径通向草坪。那里有一座洋房，那是乐团的行政办公室，中间是客厅。往西是乐谱图书馆，藏有两千余套中外大师们的巨著和一千余套著名演奏家的唱片。往北走，穿过园篱，在新排练厅里，演奏员们正在入神地排练交响乐。两旁墙上，挂着贝多芬和柴可夫斯基等名家的油画像。听众席上坐着几位青年学生正在用心地谛听乐团的排练。[1]

---

[1]《上海交响乐团的今与昔》，《文汇报》，1957年9月2日。

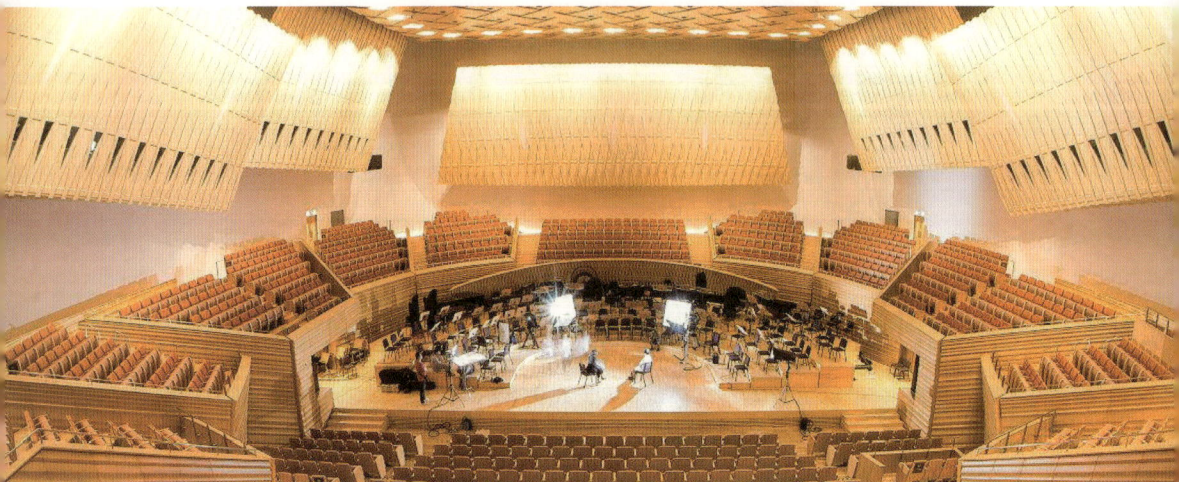

上海交响乐团音乐厅

新家演奏辉煌

2017年春天，上海交响乐团新音乐厅在复兴中路1380号建成，它占地19950平方米。大演奏厅可容纳1200位观众，是完全环状的观众席围住下沉式舞台的设计；还有一个400座位的室内乐演奏厅。新音乐厅外形被沪人戏喻为"馄饨皮"。

著名作家陈丹燕在《上海的张力：跳水池下的音乐厅》的两个整版篇幅长稿中，生动而又精炼地描写道："音乐厅的天花板上交织着宽条的木片，看上去好像古老的手工编织，其实是为了声音均匀地落下"。[1]上海交响乐团如今正在成为具有国际一流水准的全球著名交响乐团，它已经在新音乐厅演奏出了一曲曲辉煌的乐章。

[1] 《东方早报》，2016年2月18日。

老唱片：百代红楼响起《义勇军进行曲》

　　衡山路 811 号是一幢带有法国新艺术运动风格特征的花园住宅。红瓦坡顶、红砖墙面。周围绿茵成片。它原为百代唱片公司办公楼，后成为中国唱片厂。它的外墙呈红色，所以被称为百代红楼、中唱红楼或小红楼。

"伶人歌唱可留声 转动机头万籁生"

　　19 世纪末，英商谋得利洋行最先将唱机和唱片引进上海。

上海百代公司旧址

小红楼门口

法国百代唱片公司也登陆沪上。这种新鲜时尚的时髦机器，让上海人异常兴奋，当初叫它为"留声机器"。精明的上海人想，如果购进留声机，以后还可省去请堂会的费用，于是，"时髦+经济"的留声机在上海时尚家庭中普及开来。有诗句这样描述："伶人歌唱可留声，转动机头万籁生；社会宴宾堪代戏，笙箫锣鼓一起鸣"。"买得传声器具来，良宵无事快争开；邀朋共听笙歌奏，一曲终时换一回"。[1]

在众多的唱片制作机构中，法国百代公司在上海成立的东方百代唱片公司排名为首。东方百代购下地皮设立唱片制造公

---

[1] 《沪江商业市景词：留声机器行》，作于1906年。转引自《上海掌故词典》，上海辞书出版社，1999年。

司，建起沪上首座录音棚。中国唱片生产历史从此开创。1952 年改名为中国唱片厂，又后改称上海唱片厂、人民唱片厂。堪称一流的胶木

百代公司旧址铭牌

唱片，在这里灌制。1982 年，这里挂上了中国总唱片上海分公司的牌子。徐家汇绿地二期工程开工后，唱片公司迁移。

红楼建于 1921 年，属荷兰建筑风格。[1] 走进红楼，只见装修考究优雅。扶手栏杆转折处雕花精美。深色木质楼道一尘不染。楼道呈左右分开，蜿蜒转折，直上二楼。楼道宽两米多，宾客可以并排上下、边走边聊。虽历经七八十年风雨，红楼楼板也不见明显变形。

中国现代史上的杰出作曲家、艺术家、戏曲表演家、歌坛明星，如冼星海、聂耳、梅兰芳、谭鑫培、陈歌辛、周璇、李香兰等，都来过百代红楼，留下他们的足迹、嗓音。黎锦光作曲、李香兰首唱的《夜来香》就在这里创作。陈歌辛创作的《玫瑰玫瑰我爱你》，最初也在这里录制。20 世纪初上海百代公司灌制的电影明星杨耐梅演唱的《乳娘曲》，是中国第一张电

---

[1] 《徐汇区文物志》，上海辞书出版社，2009 年。

影歌曲唱片。早期在红楼制作的唱片、使用的刻录机，当时均被保留下来。当然，最激动人心的唱片录制，莫过于由田汉、聂耳词曲的《义勇军进行曲》。

比国际歌更明快　比马赛曲更激昂

田汉创作的《义勇军进行曲》歌词，最初只有六句。聂耳根据谱曲的需要，与电影编剧孙师毅商量后对歌词进行了修改。除了个别字词画龙点睛性的改动，聂耳增加的三个"起来"，突出了歌曲的号召性，把旋律发展引向高潮。

聂耳增加的三个"起来"，为什么能久久地震撼人们的心灵，形成如此强烈的艺术感染力？中国艺术研究院音乐研究所研究

小红楼门口的玻璃柜内，陈列着一台德国制造的立体声翻片机

员、聂耳研究专家向延生介绍了《义勇军进行曲》的创作过程，并着重评价了聂耳新增三个"起来"的思想艺术成就——

聂耳创作《义勇军进行曲》，大约花费了两个多月的时间构思，实际写作只用了两个星期。特别是增加的三个"起来"，正位于全曲的"黄金分割点"；重复句"冒着敌人的炮火，前进！"使歌曲的结束部分由一个乐句，扩展成为两个乐句组成的乐段，增强了与前半部分两个开放性乐段的平衡感，并且有再现的性质；末尾的重叠句"前进！进！"成功地加强了全曲的结束感。聂耳说，写作这首曲子受了《国际歌》与《马赛曲》的影响。"不过它比《国际歌》更明快，比《马赛曲》更激昂。"[1]

众望所归　确立国歌

《义勇军进行曲》被确立为《中华人民共和国国歌》也是众望所归。1949年6月，周恩来表示：我个人的意见最好就用《义勇军进行曲》为国歌。还是用旧的歌词，那样才能鼓动感情，修改后唱起来就不会有那种情感。9月25日晚的国旗国歌协商座谈会上，毛泽东说："我国人民经过艰苦斗争虽然全国快解放了，但还是受帝国主义的包围，不能忘记帝国主义对我国的压迫。我们要争取中国完全独立、解放，还要进行艰苦卓绝

---

[1] 参见中国新闻网，2015年9月3日。延安大学鲁迅艺术学院网站，2016年4月22日。

的斗争，所以还是保持原有歌词好。"经过讨论，大家一致赞成用《义勇军进行曲》暂代国歌。最后毛泽东、周恩来与大家合唱《义勇军进行曲》。2004 年 3 月 14 日，第十届全国人民代表大会第二次会议决议将国歌写入宪法第四章第一百三十六条第二款："中华人民共和国国歌是《义勇军进行曲》。"[1]

　　如今，在上海中心城区之一的杨浦区，还建有国歌纪念广场。

　　唱片缓缓转动，唱针吱吱轻响。百代小红楼里有一个录音棚，号称是当时全亚洲最大的录音棚。录音棚的混响效果当时是国内最好的。今后，这里将变身为唱片博物馆。参观者期盼能进入复原的录音棚，再次聆听那回肠荡气的《义勇军进行曲》！

国歌纪念广场

[1] 《人民政协报》，2015 年 10 月 26 日。

电影厂：历史镜头在这里定格

上海电影是海派文化的重要组成部分。历史长河似"一江春水向东流"，但"风云儿女"为崇高理想而奋斗牺牲的时代史迹，凝固在一帧帧电影画面中，永远定格在长长的电影胶片上。

拷贝盒叠放到天花板

漕溪北路 595 号上海电影博物馆里有一盒盒淡黄色圆型

上海电影博物馆

联华影业公司是 20 世纪 30 年代中国四大民营制片机构之一。这台 35mmNEWALL 电影摄影机原属联华公司所有，机箱上的"联华"二字至今依然清晰可辨

电影胶片大拷贝盒，拷贝盒被叠放得整整齐齐的。每盘胶片盒直径约半米，被叠放到天花板，堵满整整一面墙。拷贝盒里曾经安放的黑白或彩色胶片，记录着上海电影的丰硕历史成果。

博物馆一旁，陈列着 20 世纪各个年代的电影放映机和电影拍摄机。一条条胶片拷贝，被合成载有画面、对白、音响等多种逼真效果的艺术画面，最后被运送到申城大大小小的电影院。多少观众的喜怒哀乐，与电影胶片紧牵相连。多少岁月的斗转星移，被电影胶片定格记载。

19 世纪末，美、法、西班牙等国家的冒险家，携带刚刚发明的电影放映机和电影胶片，乘船来沪。1896 年 8 月 11 日，上海徐园内的又一村放映"西洋影戏"，是中国第一次电影放映。20 世纪初，意大利侨民劳罗在沪拍摄纪录片《上海第一辆电车行驶》，被称为上海电影制片的开端。

上海电影博物馆广场中的标志性雕塑

中国电影的半壁江山

上海是中国电影的发祥地，是中国电影的半壁江山，也是华语电影的根脉所系。

上海电影博物馆一楼有个"荣誉殿堂"展厅，它从"百年辉煌""荣耀瞬间""国歌诞生""灿烂金杯""影史第一"等不同侧面，展示上海电影曾创造过的辉煌文化成就。20 世纪 30 年代以来，先后出现联华、电通、新华、昆仑、文华、海燕、天马等电影企业，这里被喻为上海电影的"好莱坞"。[1] 在时代烈火的淬炼中，上海电影转变成为推动社会进步的文化力量。

[1]　《1930 年代的上海电影业》，《东方早报》，2012 年 6 月 26 日。

1953 年 9 月，上海电影制片厂演员剧团成立，专门负责组织上影厂众多演员的拍摄和演出工作。为了更好地服务于上海电影的创作与生产，演员剧团为每个演员拍摄了数张定妆照，并把诸多演员的照片汇聚在一本影集里

　　历史不应忘却。在上海电影博物馆的门前广场上，有一块块大石砖。石砖上刻有 20 世纪 30 年代以来上海滩上的电影厂厂名。有资料记载：1925 年前后，上海有各种电影公司多达141 家，占全国 80% 以上。[1]20 世纪 50 年代初，上海长江电影制片厂、昆仑影业公司、文华影业公司、国泰影业公司等 8家私营电影企业联合组建为国营的上海联合电影制片厂。1957年，天马电影制片厂、海燕电影制片厂、江南电影制片厂、上海科学教育电影制片厂、上海电影制片厂，开始分别拍摄制作大量电影。

[1]　《1930 年代的上海电影业》，《东方早报》，2012 年 6 月 26 日。

2013 年 6 月，在上海电影制片厂原址，建成了上海电影博物馆。电影博物馆总建筑面积逾 10 万平方米，展览陈列面积达 1.5 万平方米。博物馆除了一盒盒电影胶片拷贝外，还有无数电影人的真实回忆、实物收藏，将海派电影文化生动鲜活地展现在参观者面前。

博物馆陈列珍贵展品

博物馆陈列着两张"任命通知书"，其上印五星红旗图案，左下方一张刻有大红方形"中华人民共和国中央人民政府印"，由毛泽东主席署名，任命夏衍为华东军政委员会委员；另一张左下方刻有"中央人民政府国务院印"，由周恩来总理署名，任命夏衍为上海市人民政府文化局局长。

夏衍和田汉早年在上海领导电影创作，在电通影片公司联合了一批左翼文艺工作者，如袁牧之、应云卫、陈波儿、唐槐秋、吴印咸、聂耳等，先后拍摄《桃李劫》《风云儿女》《自由神》和《都市风光》等 4 部在中国电影史上占有重要地位的进步影片。

博物馆里，于玲、孟波、郑君里编剧撰写的电影剧本《聂耳》初稿，曾在不同年代使用过的多台电影摄影机，不同风格的老电影海报，导演演员之间探讨银幕艺术的书信手稿，导演拍摄用的用品和道具等，一一陈列，无声地诉说着电影发展的历史。

在经历从无声到有声，从黑白到彩色，从模拟到数字，从

《大闹天宫》是上海美术电影制片厂 20 世纪 60 年代拍摄的经典动画片。这是万籁鸣导演为《大闹天宫》制作的分镜头画面台本手稿，细致呈现了他为《大闹天宫》付出的巨大努力，是一件极为珍贵的影片创作文献

传统到现代的技术变革进程之后，上海拍摄制作的优秀电影，在中国电影史上一次次留下记录历史的珍贵画面。许多"新中国第一"令人难忘：第一部故事片《农家乐》，第一部彩色舞台艺术片《梁山伯与祝英台》，第一部体育题材影片《女篮五号》，第一部彩色宽银幕立体声故事片《老兵新传》，第一部音乐传记片《聂耳》，第一部反映中国少年儿童在抗日战争中的儿童影片《鸡毛信》等。《鸡毛信》也是中国第一部获国际大奖的儿童影片。[1]

胶片拷贝成为"遗产"

电影博物馆 3 楼展厅的一个透明玻璃罩子里，有一台手摇

[1] 参见徐汇区档案馆专题展览《徐汇记忆》。

式剪片机，旁边还陈列剪胶片的小铡刀和用在胶片上做标记的白色记号笔，机器上象征性地挂了一条胶片。胶片剪辑是繁重的体力活。手动剪辑台的摇柄，转一圈是16格画面，电影胶片平均1秒有24帧，1本拷贝平均10分钟，胶片长度300米，1部剧情片按100分钟算，胶片长度3000米。剪辑时声音和画面要对位，一台剪辑机上除了画面拷贝，还要挂少则几条多则十几条的声音拷贝，例如动作片和枪战片，声音和声效拷贝动辄十几条。一部电影的素材，画面拷贝可能就10多本，算上声音拷贝，就要上百本。

如今进入数字时代，电影本质没有变，"电影工匠"不能缺。博物馆里的胶片拷贝盒、手摇剪片机等无声地启示人们，最终能记录时代进步、刻画真善美艺术形象的优秀电影，需要多少比每秒24帧更精细的历史定格啊！

上海电影博物馆四楼的"星光大道"

上海电影博物馆三楼，亚洲最长的多点触控互动多媒体展项"梦之河"

老房子：上海“拉丁区”里 “凝固的音乐”

以讲拉丁语、法语为高雅

法式、德式、英式、西班牙式、意大利荷兰式、美式、俄式、中西合璧式；折中主义派、现代派、装饰艺术派——风格迥异、特色鲜明、拥有百年历史的经典建筑，是徐汇区拥有厚重而独特的历史文化见证。

来自规土管理部门的数据显示：徐汇衡复风貌保护区内有138处风貌保护点，优秀历史建筑950幢，保留历史建筑1774幢，一般历史建筑2259幢。法国式的浪漫、英国式的精致、西班牙式的简洁，中西合璧式的融合，它们遍布徐汇区，成为上海“拉丁区”里“凝固的音乐”。

说起上海“拉丁区”的比喻来源和建筑特色，复旦大学教授李天纲为《历史上的徐家汇》一书提供了他的专题研究概述。100多年前，在徐家汇一带有法国、意大利等神父传教和生活。徐家汇一带流行的是法国文化。徐家汇的马路上，很多学生在学习法国的音乐、舞蹈、绘画、体操，很多人以讲拉丁语、法语为高雅。这种情景使徐家汇很像巴黎塞纳河右岸的教会文化中心"拉丁区"。

主要建筑分为五种

上海"拉丁区"的主要建筑，可分为以下几种：一是"徐家汇天主堂"等宗教建筑；二是"徐汇公学"等教育建筑；三是"藏书楼"等科学文化建筑；四是"土山湾孤儿院"的慈善建筑；五是包括独幢别墅、花园洋房、新式里弄、成片石库门等在内的办公、生活居住用老房子。[1] 到 20 世纪 40 年代，原法租界的花园、别墅、新村、洋房、公寓在徐家汇扩展落户。房屋性质以花园住宅为主，1949 年前建造的房屋中，花园住宅1400 多幢，建筑面积约 65 万平方米，约占上海全市的 50% 左右。

上海社会科学院原副院长熊月之曾对异质文化交织下的都市文化做了深入研究，其实也正是对老房子建筑产生背景的概括分析。

"上海是典型的移民城市。在 1949 年以前，非上海籍人口通常占上海人口的 80% 以上……来自不同国家、不同民族、不同区域的人们，将各地不同的文化带到上海。英国的绅士风度，法国的浪漫情调，犹太人的精明敢闯，广东人的多情善贾，苏北人的吃苦耐劳，江南的小巧，北国的粗犷……都被带到这

[1] 《徐家汇——上海的"拉丁区"》，《历史上的徐家汇》，上海世纪出版集团上海文化出版社，2015 年。

里，使得上海文化变得瑰丽多姿。"[1]

51 幢经典建筑的前世今生

长期从事历史建筑管理保护工作的徐汇区房地局原局长朱志荣，从衡复历史风貌区（徐汇区部分）1700 余幢保留历史建筑中，推荐了风格不同、特色各异的 51 幢经典老房子：

（1）汾阳路 79 号，建于 20 世纪 20 年代。法国后期文艺复兴式花园住宅。始为法租界公董局总董府邸，抗战胜利后曾作为联合国世界卫生组织西太地区机构的办公地，新中国成立后，中苏友好协会上海分会入驻此地，现为上海工艺美术博物馆等单位使用。

（2）东平路 9 号，"爱庐"，建于 20 世纪 30 年代。[2]

（3）漕溪北路 80 号，上海图书馆徐家汇藏书楼。[3]

（4）汾阳路 45 号，建于 1932 年。较为典型的西班牙式风格花园住宅。原为海关副总税务司住宅，后由海关专科学校使用，现为汾阳花园酒店。

（5）复兴中路 1195 号，上海理工大学图书馆，建于 1908 年—1916 年。德国风格的学校建筑。现为上海理工大学（复兴中路校区）使用。

---

[1]《海派散论》《上海：记忆与想象》文汇出版社，1996 年。

[2] 参阅本书《东平路：达官要员老宅云集》。

[3] 参阅本书《藏书楼：保护百年珍本典籍》。

（6）衡山路 53 号，国际礼拜堂，建于 1925 年。带有哥特式英国乡村建筑风格。是上海现存规模最大的基督教堂。

（7）衡山路 811 号，建于 1921 年。又称"百代小红楼"。[1]

（8）湖南路 262 号，建于 20 世纪 30 年代。西式花园住宅。最初的主人是英国洋行的大股东。1934 年春，周佛海买下这座花园住宅，在此住了 3 年多。1949 年下半年，邓小平、陈毅两家曾入住此楼，当时邓家住在二楼，陈家住在一楼。1954 年贺子珍回国后寓居在这栋住宅之内，直到 1984 年病故。

（9）华山路 849 号，丁香花园，建于 19 世纪末，是中外富商和官僚建造的一批大园林住宅中唯一保存下来的一处。原为李鸿章幼子李经迈住宅，后张善琨在此办了中华联合制片股

丁香花园是上海滩最负盛名、保存最为完好的老洋房之一

---

[1] 参见本书《老唱片：百代红楼响起〈义勇军进行曲〉》。

份有限公司。中华人民共和国成立后，陈毅、潘汉年、刘亚楼、陈赓等先后在此办公和居住，现为离休老干部活动场所。

（10）淮海中路 1110 号，建于 1925 年。法国文艺复兴式花园住宅。原为亨利地产公司老板住宅，陈公博曾在此住了半年多，后为苏联驻沪商务代办处，现为东湖宾馆 7 号楼。近年将沿淮海中路的一部分庭院开辟为开放的公共绿地。

（11）淮海中路 1285 弄，上方花园，1938-1941 年分批建造。花园里弄住宅。出版家张元济曾居住在 24 号，并为该弄题名书写"上方花园"。被誉为"中国现代会计之父"的潘序伦也曾居住在上方花园 16 号。

上方花园是西班牙花园里弄住宅，原名沙发花园，系英籍犹太人沙发的私人花园

（12）淮海中路 1431 号，建于 1921 年。意大利风格的花园住宅。曾为西班牙和朝鲜驻沪领事馆，现为法国驻沪总领事官邸。

（13）淮海中路 1469 号，建于 1921 年。为古典式独立花园住宅。中华人民共和国成立后，上海市妇女联合会曾在此办公。现为美国驻沪总领事馆使用。

（14）淮海中路 1517 号，建于 1900 年。新古典主义风格花园住宅，局部有巴洛克装饰。该建筑曾一度为清邮传部大臣盛宣怀家族所有，曾任北洋政府总理的段祺瑞曾寓居在此，度过了他一生最后的三年时光，抗日战争胜利后易手实业家荣氏家族。中华人民共和国成立后，曾是上海市高等教育局所在地，现为日本国驻沪总领事馆使用。

（15）淮海中路 1843 号，上海宋庆龄故居，建于 1920 年。假三层花园住宅。[1]

宋庆龄故居

[1] 参见本书《宋庆龄故居：到上海是"回家"》。

（16）淮海中路 1836-1858 号，武康大楼，建于 1924 年。法国文艺复兴式公寓大楼，由邬达克设计。著名电影艺术家赵丹、郑君里、孙道临等曾在此居住过。[1]

（17）建国西路 336 弄 1 号，建于 1931 年。中西合璧的花园住宅。

（18）建国西路 440 弄 -496 弄，建业里，建于 1930 年代。上海市中心最大的石库门里弄建筑群。2004 年启动老建筑探索改造，2017 年改造新建为嘉佩乐酒店。

（19）龙腾大道 3398 号，龙美术馆。

（20）平江路 48 号，旧上海特别市政府原址，建于 1919 年。该房屋由风格一致、平面轴线相互垂直的两幢房屋组成，房屋

平江路 48 号，旧上海特别市政府原址

[1] 参见本书《武康大楼：口述传承城市文脉》。

平面呈 L 形。1927 年 7 月上海特别市政府成立时，其办公机关就设在此。

　　(21) 蒲西路 158 号，徐家汇天主教堂，建于 1906 年—1910 年。[1]

　　(22) 太原路 160 号， 太原别墅， 建于 1928 年。法国晚期文艺复兴式花园住宅。曾为美国总统特使马歇尔将军的寓所。现为瑞金宾馆附属太原别墅。

太原别墅

---

[1] 参见本书《大教堂：不仅是高耸的哥特式尖顶》。

(23) 岳阳路 145 号，建于 1928 年。法国式花园住宅，曾为宋子文宅邸。现为上海市老干部大学所在。

(24) 武康路 113 号，初建于 1923 年。西式独立式花园住宅，曾为苏联商务代表处使用，现为巴金旧居纪念馆。[1]

(25) 武康路 99 号，建于 1928 年。英国乡村别墅式花园住宅。曾是英商正广和汽水公司大班的住宅。后为全国政协副主席刘靖基住宅。

(26) 武康路 390 号，建于 1932 年。具有地中海建筑风格的花园住宅。曾作意大利总领事官邸。后为上海汽车工业总公司所使用。

(27) 武康路 393 号，初建于 1912 年。建筑平面由一个矩形和一个直角三角形相接而成，南幢为英国乡村式，北幢装饰艺术派风格。近代民主革命家黄兴 1916 年从美国回沪居此至逝世。现为徐汇老房子艺术中心和武康路旅游咨询中心。

(28) 新乐路 55 号，原圣母大堂，建于 1936 年。典型的古俄罗斯式教堂建筑。

(29) 永福路 52 号，建于 1932 年。典型的西班牙风格花园住宅。上海电影剧本创作所、上海电影演员剧团、上海永乐电影电视（集团）公司等先后在此使用。

[1] 参见本书《巴金旧居：“生命的开花”》。

（30）永嘉路383号，建于1936年。英国式花园住宅。曾为孔祥熙住宅。中华人民共和国成立后，由上海电影译制片厂使用。

原圣母大堂

（31）余庆路190号，建于1936年。现代式花园住宅。宋子文任民国财政部长、中国银行董事长时在此居住。中华人民共和国成立后陈毅、柯庆施也曾居住过。现为上海市机关幼儿园使用。

（32）复兴西路147号，建于1933年。西班牙风格花园住宅。[1]

（33）乌鲁木齐南路151号，建于1924年。美国壁板外墙式花园住宅。

（34）蒲西路166号，徐家汇观象台，建于1902年。[2]

（35）蒲汇塘路55号，土山湾孤儿院旧址。[3]

（36）虹桥路68号，徐汇中学崇思楼，建于1918年。具有法国文艺复兴时期建筑风格。

[1] 参见本书《柯灵故居：知识分子的生命活化石》。
[2] 参见本书《观象台："世纪气候站"的百年奥秘》。
[3] 参见本书《土山湾：最早的中西文化艺术熔炉》。

（37）岳阳路 320 号，建于 1930 年。带有哥特风格的建筑。原为上海自然科学研究所。抗战胜利后，改为国民党政府中央研究院。中华人民共和国成立后，由中国科学院上海分院使用。

（38）华山路 1954 号，交通大学。[1]

（39）漕溪北路 336 号，原大修道院旧址。建于 1929 年。欧洲古典主义风格建筑。曾为徐汇区人民政府、徐汇区检察院等单位使用，现一楼为展示厅，向公众开放。

（40）衡山路 890 弄、天平路 326 号及天平路 320 弄部分。由 11 幢独立花园洋房和两排典型上海新式里弄住宅组成。现改造为"衡山坊"。北部的新式里弄建于 1934 年，属于上海典型的弄堂住宅；南部花园洋房建于 1948 年，有着西方建筑的特色。

（41）安福路 201 号，建于 1922 年。独立式花园住宅。中华人民共和国成立后，曾为上海戏剧艺术中心所在地。

（42）淮海中路 1610 弄 1-8 号，建于 1942 年。西班牙式花园住宅，8 幢住宅沿弄道两侧排列。1948 年，时任上海区经济管制督导副专员蒋经国，居弄内 2 号。

（43）武康路 40 弄 1 号，建于 1932 年。西班牙式花园住宅。民国第一任内阁总理唐绍仪被害地。

---

[1] 参见本书《交大基因　地上泥土宇宙星》。

西班牙式花园住宅，1948 年蒋经国曾居弄内 2 号

（44）东湖路 70 号，东湖宾馆，建于 1934 年。简化的新古典主义风格建筑，原为杜月笙公馆，但杜月笙并未入住过。抗战胜利后曾为美国驻沪领事馆新闻处用房。现为东湖宾馆 1 号楼。

（45）高安路 18 弄 20 号，建于 1939 年。具有现代建筑特征的花园住宅。该住宅原为实业家荣德生的私宅。1956 年荣家将住宅捐给国家，作少年宫之用。

（46）淮海中路 1273 弄，新康花园，建于 1934 年。西班牙风格的花园住宅式公寓。

（47）永福路 151 号，建于 1941 年—1942 年。西班牙式花园住宅。现为德国驻沪领事馆。

（48）汾阳路 150 号，建于 1930 年。法国文艺复兴建筑风格的花园住宅。邬达克设计。始为万国储蓄会的董事长、法租界的第一富豪司比尔门私家花园，后为国民党高级将领白崇禧宅邸。中华人民共和国成立后，为上海中国画院和越剧院学馆等。

(49) 武康路374号、376号，建于1928年。联立式花园住宅。现经改造成"武康庭"。

(50) 五原路288弄3号，建于1947年。独立式花园式住宅。[1]

(51) 衡山路10号，建于1922年。类似美国费城独立厅的建筑风格。原为美童公学。太平洋战争爆发后，为日军沪南宪兵司令部。现为704研究所使用。

这51幢老房子的"内在灵魂"与"造型身影"，已凝固为城市的文化遗存。2007年9月，时任中共上海市委书记习近平在徐汇区调研时，听取了徐汇历史风貌保护区的情况汇报。他说，上海历史风貌的价值精华就在4000多幢老建筑，如果这些老建筑消失了，上海的文脉就切断了，历史风貌就没有了，城市特色也就没有了。对于历史风貌区要防止大拆大建，切实传承好历史文脉。习近平说："城市中的老建筑，应该像'老人'一样得到善待。"[2]

[1] 参见本书《张乐平故居：漫画史上一座丰碑》。
[2] 《习近平在上海》，《解放日报》，2017年9月27日。

"领馆区"：走马观花印象深

在衡复历史文化风貌保护区一带，不少外国驻沪总领事馆相对集中地坐落其间。它们分别是法国、英国、美国、日本、德国、瑞士、瑞典、苏联、朝鲜、捷克、意大利、比利时等驻沪总领事馆的现址、原址或领事馆员官邸。

西班牙建筑用线条谱写圆舞曲

德国驻沪总领事馆位于永福路 151 号，是一栋西班牙式建筑风格的花园住宅。走进领事馆，只见这座住宅静静

德国驻沪总领事馆

地横卧在绿茵茵的大草坪上，在阳光照射下，层高错落有致。南面有宽敞的露天大阳台，其下檐部布满了西班牙式的美丽花纹。整幢建筑色彩明朗柔和，洋溢着浓浓的西班牙建筑风情。有专家介绍说，建筑师是个熟练运用几何线条的高手。走近这座花园住宅，就能见到各种直的、弯的流畅线条，能看到这些线条组成的长、圆、多边形的各种形状。它们纵向有高低，横向有宽窄，线条有曲直，立面上有起伏。起伏宽窄和高低变化的线条，宛如小夜曲中一个个流动的音符。这幢住宅被专家评为集西班牙住宅建筑平面紧凑、造型活泼、线条流畅之大成，是近代上海建筑的一件精品。

连严谨平实的志书也用了文学比喻的标题"用线条谱写的圆舞曲"来形容德国驻沪总领事馆的建筑特色。

影视摄制组喜欢折中风格

在马路斜对面不远处是原英国驻沪总领事馆馆址，如今为一家名为雍福会的会所。走进大门，看见里面有一幢折中风格的花园住宅。朝向花园的南立面，是底层敞廊。廊柱圆形，上面撑起了富有现代特征的露台，外墙的红色面砖与白色窗框，形成了鲜明的色彩对比。影视摄制组喜欢来这里取景。

意大利式与古典式风格隔街相望

法国驻沪总领事馆和美国驻沪总领事馆，在淮海中路乌鲁木齐路口隔街相望。1980 年 10 月 21 日，法国驻沪总领事馆开馆。馆址在淮海中路 1431 号。1990 年 7 月 1 日迁至淮

法国总领事官邸

海中路 1375 号 21A、23B，原馆址改为总领事官邸。这是一幢意大利式建筑风格的花园住宅。1921 年建成后，原为私人住宅，后分别为西班牙和朝鲜驻沪领事馆使用。朝鲜驻沪领事馆 1959 年 11 月 10 日开馆，后因馆务不多，于 1964 年 2 月 6 日关闭。

美国驻沪总领事馆位于淮海中路 1469 号，是古典式建筑

风格的花园住宅。1921年建成后，原为万国储蓄会的房产，后租给瑞士驻沪领事馆用。抗日战争胜利后，瑞士驻沪领事馆迁往威海路，这幢花园住宅由荣宗敬的长子荣鸿远买下。20世纪50年代上海市民主妇女联合会在那里办公。70年代美国驻沪总领事馆进驻。建筑为假三层砖混结构，屋顶为红瓦四坡，南面有大草坪。

具有"海派"风格建筑特征

沿着淮海中路向西而行，不远处的淮海中路1517号盛宣怀住宅，堪称上海滩最富传奇色彩的百年名园。有人把它称为"盛公馆"。该住宅始建于1900年，占地面积12424平方米，总建筑面积1775平方米。1914年第一次世界大战爆发，原业主离开中国，易主盛宣怀，1916年盛宣怀病逝后由其子盛重颐继承，后成了蒋介石的大将陈调元和"北洋之虎"段祺瑞的住宅，抗战中还被日本人占据了几年，并把偌大的花园"砍"去一半，建造了现在的上海新村。抗战胜利后，盛重颐设法收回房子，不久因生意失败只得将其卖给了荣德生家族，中华人民共和国成立后归国家使用。20世纪70年代中日建交后成为日本国驻沪领事馆，近年来领事馆已迁到虹桥开发区，这里成为该领事馆总领事的住宅。

这幢花园住宅在成为日本驻沪总领事馆之前，曾经一度是上海市妇联和上海市高教局的办公地点。住宅主体建筑坐北朝南，院子里有宽大的草坪和茂密的林木，尤其一棵伞形大塔松，引人注目。花园内还有大理石喷水池，采用欧式大草坪和中式庭院相结合手法。主楼为3层，出入口设在西边，筑有一个高大而宽敞的"门"形门厅，左右两旁各竖立4根圆形厅柱。室内墙饰有希腊神像。白色的外墙与绿色草坪相映衬，构成一个优雅和谐的居住空间。

原盛宣怀住宅，现日本总领事官邸

这幢建筑具有新古典主义特征风格。专家介绍说，古典主义遵守古希腊罗马建筑的法式，强调整齐一律、严谨对称。新古典主义具有古典主义的特征，但又摆脱了教条主义束缚，崇尚功能和自然。"盛公馆"在艺术文化特征上反映出上海近代文化"兼容、务实、创新"的特征，具有"海派"建筑特征。

异国风格建筑在此云集

沿着淮海中路继续往西，在吴兴路 81 号，是捷克斯洛伐克驻上海总领事馆在 20 世纪 50 年代的原址。再走到武康大楼右转，武康路 390 号为意大利驻沪总领事馆官邸原址。武康路 113

捷克斯洛伐克驻沪总领事馆原址

号在 20 世纪 50 年代初曾为苏联驻上海总领事馆商务代表处。

乌鲁木齐中路口复兴西路 17 号口，坐落着伊朗驻沪总领事馆，东侧的淮海中路 1131 号是比利时领事馆旧址，中华人民共和国成立后一度归上海音乐学院使用，它是文艺复兴建筑风格的花园住宅，屋顶最高处有德式小尖塔。位于长乐路 989 号世纪商贸广场 19 楼的是意大利驻沪总领事馆。长乐路 989 号 16 楼有新西兰驻沪总领事馆……

徐汇衡复历史文化风貌保护区里，无形存在着"领馆区"。异国情调的建筑风格及其人文历史故事，总是会一次次地引起人们的兴趣。[1]

伊朗驻沪总领事馆

[1] 本节资料来源：《梧桐树后的老房子》（上海画报出版社，2007 年）、《留存的历史》（上海文化出版社，2008 年）、《徐汇区文物志》（上海辞书出版社，2009 年）、《上海名建筑志》（上海市地方志办公室"上海通网站"）等。

宋庆龄故居：到上海是"回家"

　　四座故居紧相邻，伟人名人心相印。近现代史上，生活工作或居住在徐汇区的名人灿若繁星。目前已公布名人故居共计 84 处。其中，仅衡复历史风貌区内，就有宋庆龄故居、巴金旧居、柯灵故居、张乐平故居等，夏衍旧居、草婴书房等也将开放。宋庆龄、巴金、柯灵和张乐平的寓所故居，各自相距仅数百米。

同上海有特别的感情

　　我国近现代史上杰出的女性、著名的国际政治活动家、中华人民共和国名誉主席、孙中山先生的夫人——宋庆龄（1893—1981）生前的寓所，位于淮海中路 1843 号，即武康大楼的南侧。

　　宋庆龄因工作需要等原因，1963 年起在首都北京后海有一个官邸，即一般区别于"私宅"、由公家提供给高级官员的住所。但宋庆龄对淮海中路的家，始终非常眷恋，只要条件允许或逢年过节，她必定会回来居住一段时间。用她自己的话说，去北京是"上班"，到上海是"回家"："自己同上海有特别

宋庆龄故居

的感情。"[1]

宋庆龄的家，四周灰墙围绕，进入墨绿色的大门，院落中间是一片碧绿的草坪，边上种植了樟树、广玉兰等一些常青绿树。草坪前有一座白墙红瓦的假3层砖木结构德国式花园住宅，建于1920年，平面为L型，建筑面积700余平方米。

在客厅迎来党和国家领导人

故居分上、下两层，底层是过厅、客厅、餐厅和书房。过厅中陈设着林伯渠赠送的"百鸟朝凤"石刻、徐悲鸿赠送的国

[1] 参见《上海建筑志》，《徐汇文脉》，上海锦绣文章出版社，2015年12月。

画"双马"以及 1957 年宋庆龄访问苏联时买回的名为"冬日"的风景油画。会客厅北墙正中，挂着孙中山的遗像，南面墙上有毛泽东在 1961 年来看她时的留影。北面陈列着一台当年上海市政府赠送的中国第一代组合音响。就在这间客厅里，宋庆龄会见过毛泽东、刘少奇、周恩来、朱德、林伯渠、董必武、陈毅等党和国家领导人，以及金日成、伏罗希洛夫、西哈努克、杜尔、苏加诺等外国元首。

客厅西面是餐厅，墙上挂着宋庆龄母亲的油画像，厅内陈设着许多外宾赠送的礼品，其中有印度尼西亚总统苏加诺赠送的铜剑和挂盘，朝鲜劳动党总书记金日成赠送的"春香传"刺绣，尼泊尔国王马亨德拉赠送的金银器摆件。客厅、餐厅楼梯上的地毯是毛泽东赠送的。这些礼品都是宋庆龄生前亲自布置的，表达她十分珍惜与朋友之间的友谊。客厅东面的书房中，完整地保存着宋庆龄珍藏和阅读过的各类中外文书籍 4000 余册，有中、英、法、俄等 19 种版本。

卧室壁炉上停止不走的时针

二楼是宋庆龄的卧室和工作室。卧室内是一套老式的柚木家具，有大橱、五斗橱、梳妆台、大床，都是早年父母送给她的嫁妆。大橱内整齐地放着宋庆龄生前穿的衣服。工作人员介绍说，她在接待客人时，很注意服饰，而平时穿着随意，有时感到上衣"瘦了"，就在衣缝中镶一条布料再穿上。

卧室中一只老式沙发和茶几是孙中山使用过的，宋庆龄经常坐在这里看书、学习。墙上挂着她在1915年与孙中山结婚时的照片，壁炉上放着中山先生用过的座钟，指针停在20时18分，它暗示人们这是1981年5月29日宋庆龄因病在京医治无效、心脏停止跳动的时刻，享年88岁。卧室东侧是工作室，墙上挂着她和毛泽东、周恩来、陈毅、张闻天1956年在中南海的合影。写字台上放着她生前使用过的笔、墨、砚台和文件、信笺。多少年来，宋庆龄就在这里埋头疾书，写下《呼吁联合国成立国际儿童基金会》等文章。1949年7月1日，新中国成立前夕，宋庆龄在淮海中路寓所奋笔疾书，发表了著名的《向中国共产党致敬》的文章，热情歌颂中国共产党，指出共产党的诞生"是中国人民革命斗争的里程碑，影响深远"。

支持鼓励漫画家张乐平创作

宋庆龄对少年儿童及中国福利会等工作，倾注了满腔热情，其中包括支持鼓励漫画家张乐平的创作。

新中国成立前，张乐平开画《三毛从军记》《三毛流浪记》等来揭露黑暗、控诉旧社会。漫画刊发在申报、大公报后，遭到反动派的百般威胁。宋庆龄主持的中国福利会决定筹备"三毛乐园"，收容流浪儿童，还要张乐平开一个"三毛生活展览会"。

1949年初,她诚邀张乐平在一家西餐社会面,请他一起举办"三毛原作展览会",为筹备"三毛乐园"开展宣传、筹集资金。宋庆龄还自己出钱购买《三毛流浪记》推荐给外国小朋友。

3月底"三毛原作展览会"在外滩汇丰银行预展,中外人士前来参观。宋庆龄把张乐平请到自己身边交谈,称赞说:"张先生为流浪儿童做了一件大好事,真该谢谢你,全国的'三毛'不会忘记您!"4月4日"三毛原作展览会"在南京路大新公司4楼正式展出,宋庆龄抽空莅临。展览第一天参观者近2万人,并有40余人捐款加入"三毛乐园会",活动结束后,她致函张乐平祝贺展览成功。张乐平在《我怎样画三毛的——为"三毛义展"写》中说:"想起千千万万的三毛们因为孙夫人这一义举得到实惠,作为三毛作者的我,还有比这个更快乐的经验么?"[1]

[1]《联合时报》,2015年3月6日。

巴金旧居："生命的开花"

巴金（1904—2005）旧居位于湖南路口的武康路 113 号，这是一幢欧洲独立式花园别墅，建筑面积约 500 平方米，绿地约有 200 平方米，花园住宅正面外立面呈金字形，灰色细鹅卵石的外墙，装饰简洁。住宅南立面的底层有敞廊。寓所底层有厨房、餐厅、卫生间和大客厅，楼上是卧室和书房，靠南的一侧有宽敞的室内走廊。这里最初的房主是一个英国人。20 世

巴金旧居

纪 50 年代初,曾为苏联驻上海总领事馆商务代表处。1955 年经上海市市长陈毅特批给巴金居住。

自己支付房租 不拿国家"薪水"

巴金迁入后,在这里生活了半个多世纪。巴金生前一直自己支付这里高昂的房租,不要国家的任何补助与津贴,甚至不拿国家的"薪水",他的生活全部依靠个人的写作收入。

如今,巴金旧居完整地保存了一代文学巨匠的生活环境、工作场景等历史和人文氛围。巴金会见客人的沙发、写作的桌子、书橱、家具等全是当年旧物。门厅的一面墙上悬挂着著名画家黄永玉为巴金创作的一幅水墨画,巴金在梅花簇拥中,紧锁双眉,正静静地思考。这里还有巴金获得中国迄今为止唯一的、国务院 2003 年 11 月颁发的"人民作家"荣誉证书。

写下"讲真话的书"

旧居里有小型陈列室,放着巴金的代表作《家》《春》《秋》和《寒夜》的不同版本。展示柜陈列着他翻译的部分著名俄罗斯文学作品。巴金精通英、法、德、俄、日与世界语多语种,他的译文全集有 62 部之多。截至 1994 年,他共写作并出版 120 部著作。巴金一生写书、爱书、读书,客厅内有书,过道走廊也有书,甚至卧室里仍堆放着书。整个寓所是书的海洋。

二楼的一间房间是巴金的书房。南向一侧窗下，简易的小书桌上放着一本汉语词典、一把放大镜和一大叠样稿。巴老生前用过的毛笔、眼镜、烟盒、剃须刀盒等，也陈列在故居内。朝南的太阳间，光线明亮，晚年的巴金在这里写下《随想录》第五卷，被誉为"讲真话的书"。巴金的《随想录》和其他著作，交织着他的希望、幸福，也有他的忧愁、痛苦、愤怒和呐喊。太阳间前朝花园。人们可以想象，在明媚阳光下，巴老的心中对明天充满了多少"讲真话"的真诚期盼啊！

"讲真话，要抓紧"

《随想录》以每30篇编为一集，共出5集，依次为《随想录》《探索集》《真话集》《病中集》和《无题集》，为巴金1978年在香港《大公报》开辟《随想录》的专栏集结。其间历时8年，共150篇42万字。

"我们这一代人的毛病就是空话说得太多。"他警示人们："讲真话，要抓紧。"作家袁鹰追忆了自己和巴金交往的一个情节。有一次他去看望巴金，巴金询问他在写什么，离开工作岗位后是不是多了一点写作的时间。袁鹰回答，虽然不再上班，但还是忙于杂事，写作时间并不多。巴金听了，同往常一样，并没有多讲话，只是轻轻说了一句："要赶紧写，不然来不及。"

袁鹰在回忆文章中写道："只有九个字，却给我重重一锤。我牢记至今，时刻不敢稍有懈怠，不敢言老，不敢轻易搁笔，总觉得还有可做的事，还有应该说的话。"他常常用巴金留下的箴言提醒自己：讲真话，要抓紧！[1]

巴金 90 岁高龄时，患有帕金森氏症的他每天趴在小桌上工作八九个小时，他的手颤抖得无法握笔。笔，一次次拿上去，一次次掉下，总要反复 10 多次，才能握住。有时写着写着，手指就不能动了，一个字明明要写横或撇了，但就是横不出去撇不下来。他急得用左手去推右手。新华社记者赵兰英写下以上巴金病中感人细节后，动情地说："今天，读者能够看到的巴金的晚年作品，是他用生命写成的"[2]

2005 年 10 月 17 日，一生喜爱古典音乐的巴金，听着柴可夫斯基和贝多芬的音乐作品逝世。10 月 24 日 15 时，人们来到龙华殡仪馆，在贝多芬《悲怆交响曲》的旋律中，向 101 岁的巴老告别。

"我只想把自己的全部感情、全部爱情消耗干净，然后问心无愧地离开人世。这对我是莫大的幸福，我称之为'生命的开花'。"[3] 巴金说。

"生命的开花"永不凋谢。

---

[1]《新民晚报》，2016 年 10 月 29 日。
[2]《文艺报》，1999 年 11 月 23 日。
[3] 巴金《随想录－病中集后记》。

柯灵故居：知识分子的生命活化石

故居开放唤醒文化记忆

2016 年 2 月 6 日落成开放的柯灵（1909—2000）故居，与巴金旧居相距仅几百米，步行不超过 10 分钟。

漫步在秋日阳光斜射下的武康路，再走到复兴西路口向东右转，不远处看到一幢临街的三层楼西班牙式公寓住宅，那就是柯灵故居。

柯灵故居

位于复兴西路 147 号的柯灵故居，外墙为拉毛砂浆的米黄色墙面。旁边有一条沿街斜道，可以直通 2 楼的柯灵房间，眼下是故居的出口。入口处设在一楼。

逼真再现柯灵一生

进入故居一楼，可以看到柯灵生平图文介绍和著作文稿信件原件。也可触摸检索显示屏里的视频文字画面，它们逼真地再现了我国著名电影理论家、作家、评论家的一生。1959 年，柯灵与夫人陈国容入住东首的 203 室，在这里住了将近半个世纪。柯灵在这里改编创作了电影文学剧本《不夜城》《秋瑾传》等，并著有多部散文集、文艺评论集及《柯灵电影剧本选集》等著作；还开始了长篇小说《上海一百年》的写作。

沿着一个每踏步为 0.2 米的螺旋型扶梯向上，来到 2 楼柯灵的生活起居各房间，只见厨房餐厅放着一台当年上海电冰箱二厂生产的绿色漆面冰箱。窗台边上有料酒瓶、酱油瓶、米醋瓶，还有老式净水器。桌上有气压式热水瓶和瓷杯，洗手台上有一块肥皂，煤气灶上放着铝质水壶，一如主人仍在这里生活的老样子。

椅背上放着常穿的灰色背心

步入书房，里面安放着落地大书橱，一角是柯灵写作的书桌，那张写字桌是陈国容从娘家带过来的铁写字桌，原来是银行里用的，看上去非常沉重坚固。书桌的玻璃板下，压着当年钱锺书写来的信，字迹漂亮秀丽挺拔。桌上除了文房四宝之外，眼镜下压着一叠文稿纸。台历上放着柯灵常用的圆形放大镜。旁边还有半导体收音机和双铃小圆闹钟。书房和卧室情景依旧，藏书、用具保存完整无损，就连楼道内信箱上的标记也依旧是往日模样。

20多平方米的朝南卧室，衣架上挂着深藏青色的中山装，旁边椅子的靠背上，有一件主人平时常穿的灰色羽绒背心……所有的一切，好像都在暗示：柯灵只是暂时离开了……

耳戴助听器聊天情景恍然在目

"可以毫不夸张地说，这处故居不仅在柯灵个人创作史上举足轻重，同时也见证了中国当代文坛近半个世纪的风云变幻。"华东师范大学教授陈子善参加了柯灵故居开馆仪式，感慨地回忆起从1978年开始，不知有多少次，在下午4时以后按响203室的门铃拜访柯灵，向他请教，每次都受到他的热情接待。柯灵对陈子善回顾他的创作历程，谈论张爱玲和傅雷，还说了不少现代文坛往事。2016年初，当陈子善重新踏入熟悉的203室客厅和书房，柯灵耳戴助听器与他聊天的情景仿佛又历历在目。[1]

[1]《文汇报》，2016年4月16日。

著名作家陈丹燕则精辟地比喻说：完整保存的故居是"一块像柯灵这样的上海知识分子生命的化石"。这里留下的一切会被人理解，被人纪念，被人缅怀。[1] 陈丹燕去过海外许多名人故居，但从未见过保留得如此完整、细节处处动人的故居。

永久留存海派文化的印痕

故居如今整修如旧。从 2 楼向窗外望去，下面有个小花园。院子里除了大树、绿藤、草坪，还有柯灵胸像。参观者也许不会知道，就在柯灵故居整修开放前，这座老房子却是危情告急。

原来，2000 年 6 月 19 日，柯灵在上海华东医院与世长逝后，和他相依为命的老伴住在医院里再也没有回过家，一直到 7 年后去世。柯灵夫妇去世后这间居室就一直空置无人，老房子开始破败。绿藤先后爬上外墙，钻进室内墙皮。2 楼房角内，靠窗一侧已经烂掉，楼板穿透。站在 2 楼竟然可看到下面的一楼。如再不修复，柯灵居住的楼房就将腐坏倒塌。

兼任柯灵故居、张乐平故居两个馆的馆长郭皓，怀着对文化老人的深情怀念，从外企来到湖南街道，全身心地投入两个名人故居的修复工作。柯灵故居的全面修复并对外开放，体现了政府街道和徐房集团、衡复公司等联手做好历史文化保护工

---

[1]《现代快报》，2015 年 5 月 4 日。

程的新思路、新机制。这对尽快抢救保留更多的文化名人故居，具有借鉴作用。

柯灵一生"煮字烹文"，笔耕不辍，著作等身。柯灵如此自我总结："纸上烟云，恰如履齿印苍苔，字字行行，涂涂抹抹，也就是斑斑点点浅浅深深的生命留痕。"人们期待能有更多故居完整保留"生命印痕"，让不能再生、不可复制的生命活化石，永久留存海派文化的印痕。

张乐平故居：漫画史上的一座丰碑

张乐平故居与不远处的柯灵故居、巴金旧居，形成三角形路线的文化故居群落。

张乐平故居位于五原路 288 弄 3 号。走进 288 弄，一整墙

张乐平故居

的"三毛画壁"马上抓取了参观者的视线。一张张四格漫画的样式，在整条弄堂展现了无人不知的三毛艺术形象。故居庭院的西南角，有一座三毛雕像，煞是可爱。中国著名漫画大师、"三

张乐平故居内景

毛之父"张乐平（1910—1992）从 1950 年 6 月起，在这里一幢近代 2 层新式里弄花园洋房里住了 42 年。故居一层布置为张乐平展厅，二层则恢复 20 世纪五六十年代原貌，其中有画室、主卧室、子女房间等。

三毛形象，家喻户晓受疼爱

"文革"后期的一天，张乐平突感身体不适，他便让舅公陪着到附近的华山医院看急诊。看完病他们刚想离开，不料，给张乐平看病的医生写完处方后，提出一个要求，请张乐平画一张三毛漫画，并随手拿出纸和笔。医生还真诚地说，他自己素来一直喜爱三毛形象。病中的张乐平二话不说，认真娴熟地在一张白纸上勾勒线条，三毛的可爱形象呼之欲出。画好后，他还签下自己的名字。医生兴奋地用双手接过漫画，连声道谢。

三毛漫画形象，家喻户晓，脍炙人口，受到海内外无数人的普遍喜爱和广泛好评。张乐平给医生画的那一张，只是他一生创作的大量漫画、国画、年画、速写和彩墨画等传世之作中的一件。张乐平故居里到处是三毛的形象，三毛故事兼具幽默和讽喻，笑中带泪、发人深省，堪称是"没有文字的文学巨作"。正如故居《前言》所概括的那样："张乐平画笔生涯逾60个春秋，创造的'三毛'漫画形象，是世界漫画史上的一座丰碑，也为中国漫画积累了一笔宝贵财富。"

见了邻居总是笑眯眯

张乐平善良热心，乐于助人。他喜爱孩子，在邻居中人缘很好。家里除了7个儿女，还收养朋友家的孩子。演员上官云珠在"文革"中自杀后，她的两个孩子就被张家照顾。[1] 弄堂里的小孩也都喜欢到张乐平家里来玩，家里非常热闹。当得知张乐平要画画，孩子们都放低声音。有时候，他需要一个孩子做漫画中的模特，便会拉上一个孩子摆出姿势。有时候要画古代人物，他就找来一些中式衣服，甚至被单、毛巾让小模特披

---

[1]《申江服务导报》，2009年10月21日。

上。孩子们都以当过模特为荣。到了吃饭的时候，张乐平太太会让愿意留下的孩子吃饭，只要他们在窗口大声告诉一下自己的家人，说一声"不回来吃饭"就可以了。

"文革"中，看到邻居中有一家几口拥挤住在一个汽车间里，张乐平就将他们自己底楼的一件房间让给邻居住，尽管他自己的居住条件也并不十分宽裕。

张乐平之子张慰军这样深情地回忆父亲："我父亲见了邻居总是笑眯眯的，路上碰见了人总要和对方寒暄几句，还时不时邀请小孩子来我家里玩。所以，一条短短的288弄、一条短短的五原路，他有时要走很长时间。"[1]

"画三毛就是画自己"

抗战时期，张乐平率领漫画抗日宣传队奔波在烽火连天的江南地区。抗战胜利后，他携妻儿回到上海。眼看着身边的大批难民居无定所，很多孩子前一天还活蹦乱跳的，第二天就阴阳永隔。痛心于这些活生生的社会景象，他创作了《三毛流浪记》《三毛从军记》等作品，并多次说："画三毛就是画自己。"新中国成立后，他描绘了三毛在新社会的成长和变化，塑造了一个天真烂漫、善良正直的典型新中国儿童形象。

---

[1]《徐汇文脉》，上海锦绣文章出版社，2015年。

捐献《三毛流浪记》全部原稿

1983 年 6 月 1 日，张乐平给中国美术馆写了一封情真意切的亲笔信。信件写道：现在，我年已古稀。考虑三毛归宿，与其留给子女，不如献给国家，故我决定将代表作《三毛流浪记》全部原稿（二百三十四组）捐献给中国美术馆收藏。6 月 20 日，中国美术馆复函张乐平，对他的捐献谨表感谢。

张乐平一生淡泊名利，安贫乐道，关爱他人。"乐平"二字，诠释了漫画大师知足常乐、平易近人的平民风范。宋庆龄称赞说："张先生为流浪儿童做了一件大好事。真诚谢谢您，全国的三毛不会忘记您！"[1] 汪道涵则高度评价说："他是一个艺术家，而且他首先是一个社会学家，还是一个思想家。"柯灵曾经为港版《三毛流浪记》写序言："三毛已成为几代儿童的共同朋友。在上海宋庆龄陵园里，就矗立着乐平和三毛的铜像。《三毛流浪记》是一部很有趣味的小人书，也是一部给成人看的警世书，三毛身上背负着沉重的历史阴影，也带来了深刻的历史启示，向世界呼唤和平，呼唤公正，呼唤仁慈，呼唤同情，呼唤人道，呼唤文明。"[2]

[1] 参见本书《宋庆龄故居：到上海是"回家"》。
[2]《文汇报》，1996 年 8 月 19 日。

武康路：历史文化名街之怀旧和变身

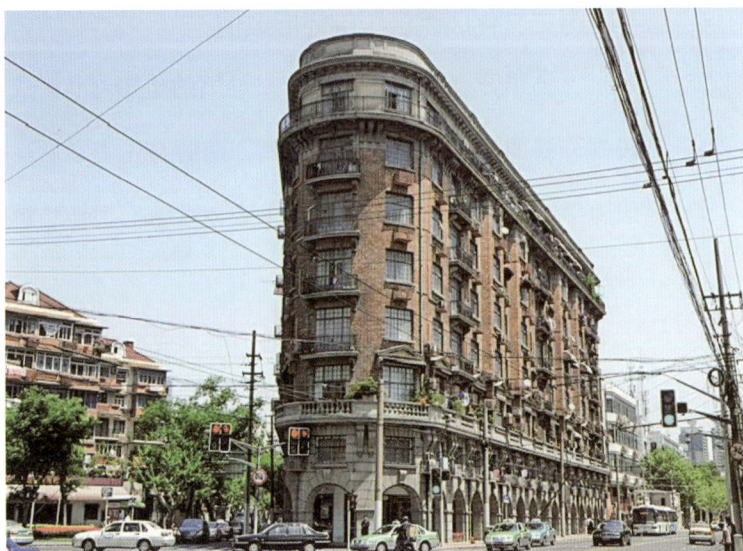

武康大楼

　　武康路位于上海市衡山路复兴路历史文化风貌区内。2005年上海市人民政府批复《上海市历史文化风貌区保护规划》，确定了144条风貌保护道路。徐汇区保护区范围内，共有道路42条（含涉外区的四界道路），道路总长度39.3公里，其中一类风貌保护道路31条（含局部），总长度25公里。武康路就是其中一条。

2011 年 6 月 11 日，武康路入选由文化部与国家文物局批准的第三届"中国历史文化名街"。根据规定，历史文化名街应当是一座城市中最具代表性的、独具特色、具备国家级水准的街区或道路。

历史文化风貌区里的怀旧风情

"到福开森路去！"在李安导演的电影《色·戒》结尾，汤唯饰演的王佳芝放走了梁朝伟饰演的易先生之后，故作没事般随手叫了一辆黄包车，黄包车夫会意地把王佳芝拉到了福开森路。

细心的读者已经注意到，在《色·戒》小说原著中，张爱玲笔下的原文结尾王佳芝本是到愚园路去的。李安"私自"改动了地点，被无数网友评价为"相信他是被武康路的特殊韵味和诱人气息所吸引"。

武康路北起华山路，南接淮海中路与兴国路交汇处。全长 1.17 公里的武康路，整条道路略呈弧形，像一条项链，串起了上海百年近代史的岁月珍珠，是法租界花园住宅区域的典型代表。

武康路原以美国人约翰·福开森（Route Ferguson）命名。建于清光绪 33 年（1907），当时南洋公学第一任监院福开森为方便师生员工的出入，以自己的薪水作开支，辟筑了这条马路。1907 年，法租界市政当局将这条泥土路修整、拓宽并铺

成煤屑路，还将其与西面的
徐家汇路打通，大致形成了
今天的走向。当年法租界在
地盘之争中，与上海宁波同
乡会及英美等国产生矛盾，
福开森在中外各方之间周旋
调停，法租界当局为表示对
福开森的感谢，特意将这条
马路命名为福开森路。1915

武康路原名福开森路，以美国人约
翰·福开森（Route Ferguson）命名

年，福开森路东段被命名为巨泼来斯路（今安福路）；法租界
的中央大道——宝昌路改名为霞飞路（今淮海中路）；霞飞路
以南部分的福开森路被并入姚主教路（今天平路）。1943 年，
福开森路改名为武康路。

走进"梧桐树后的老房子"

武康路上的历史建筑，具有什么特色？让我们走进梧桐树
后的老房子，细细品味具有文化气息和怀旧风情马路上的凝固
音乐吧！

不同风格建筑集聚

这里有典雅的英国乡村式别墅。武康路 75 号住宅、武康

路 99 号正广和洋行大班住宅等为上海这类风格的代表作。

有法国文艺复兴样式建筑，如淮海中路 1842-1858 号武康大楼等。

武康路 40 弄 1 号，民国第一任内阁总理唐绍仪旧居

有细节雕饰的西班牙式洋房，如武康路 40 弄 1 号住宅等。

有沪上至今少见的地中海式建筑，如武康路 390 号。

有装饰艺术派建筑，如武康路 115 号密丹公寓、武康路 393 号黄兴旧居等建筑，堪称装饰艺术派在上海近代小型公寓建筑中的代表作品。

有现代派建筑，如武康路 105 号、119 号住宅，武康路 240 号开普敦公寓等是比较纯粹的现代式建筑。

有混合式建筑，如武康路 117 弄 1 号，外形是一座西式花园洋房，室内却是用中国传统建筑的彩画平顶和广漆地板等。

这些特定的历史建筑群通过富有特色的空间形式，成为上海海派文化的物质依托。它们是东西方文化交融的结晶。

四类样式体现建筑个性

多样性体现在花园洋房形式各异，细节作法各不相同。但归纳起来，武康路建筑样式大致分为四类：一是西班牙式住宅样式，二是英国乡村别墅式，三是法国文艺复兴样式，四是装饰艺术派与现代派。武康路 240 号是一幢带有西方现代派建筑风格的流线型公寓，看上去犹如熨斗样的三棱体外形使它显得特别抢眼，尤其是公寓锐角转角的弧形处理，以细小的转角窗点缀，又与沿马路立面的窗户形状走势连贯，使整幢建筑看上去就像正在航行的船只，充满动感。它就是建于 1940 年的开普敦公寓。

整体统一浑然一体

这些建筑形成整体统一感。整体统一感又可从三个方面欣赏：一是建筑类型、尺度和材质特点基本一致；二是院落、建筑和围墙等风貌要素比较单纯；三是所有街道的空间特点非常一致，街道空间以车行道为主干，两侧为人行道、行道树及花园住宅围墙，由行道树遮蔽的车行范围和人行范围形成空间和视线的"通廊"。马路两旁主要种植法国梧桐树，春夏秋三季，梧桐枝叶跨街相交，绿

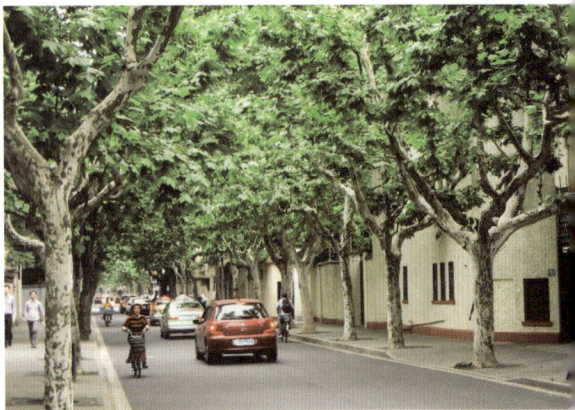

武康路两旁种植的梧桐树，树叶遮住烈日骄阳，宛如一条弯弯的绿色长廊，别墅、花园洋房等各式历史建筑掩映其间

荫蔽空，是街道风貌中最重要的景观要素。

花园里中西要素兼具

武康路花园住宅的主体建筑是欧洲样式，但在庭院布置上，特别是一些大宅院中西造园要素兼而有之，不仅有欧式的大草坪、大理石雕像和喷泉，还设置亭台、假山、池沼等。早期围墙大都使用竹篱笆，与主体建筑纯正的、非常考究的外观和室内作法融为一体，体现其田园风格和自然氛围。街区围墙高度较低，历经多次变化，如今的围墙绝大多数改成镂空墙体或绿化栏杆柱式等透空样式，使得建筑、庭院与道路的关系更加密切。

历史名人旧居众多

武康路 2 号，上海丝绸业大王莫觞清住宅

在武康路花园别墅住宅里，旧上海的达官贵人、军阀政要、洋商富贾、名流学者、爱国志士先后寓居。

武康路 2 号独立式花园住宅，是江南丝绸业中首屈一指的美亚织绸厂老板莫觞清旧居，2 号右侧是其女婿蔡声白的住宅，翁婿二人当年都是上海滩有名的实业家。马路对面是面粉业巨子孙多森的豪宅。

武康路 40 弄 1 号，为民国第一任内阁总理唐绍仪旧居及被害之地。

武康路 40 弄 4 号花园住宅，是中国医学教育家、公共卫生学家、上海医学院、上海中山医院创办者颜福庆旧居。

武康路 63 号，为曾创办《华美晚报》《华美晨报》的华美出版公司总经理朱作同旧居。

武康路 67 号、武康路 107 弄 2 号为民国时期"四大家族"之一的陈立夫住宅。陈立夫住宅是一幢建于 1946 年的假三层英国乡村式花园洋房，红色双陡瓦坡瓦屋顶，清水砖砌烟囱，底层东南侧设带有出檐的开敞拱券门，东窗带有厚实梯形窗套、窗楣，具有西方古典主义特征。

陈立夫旧居

武康路 99 号，被誉为英国商人的上海家园。原中共中央宣传部文化工作委员会书记、左翼文化总同盟中共党组书记潘汉年等在此居住。

武康路 100 弄 1 号，为著名文学理论家、评论家、现代作家、原上海市委宣传部部长王元化旧居。

武康路 109 号，为民国高级将领、曾任国民政府陆军总司令的顾祝同旧居。

武康路 113 号，为中国现代著名作家、中国现代文学大师家巴金旧居。

武康路 117 弄 1 号，是原金城银行总经理周作民旧居之一，原全国人大常委会副委员长陈丕显、原中共中央华东局书记魏文伯曾先后居住于此。

周作民旧居

武康路 117 弄 2 号，淞沪警备区司令李及兰曾短暂居住于此。

武康路 212 号花园住宅，是上海大隆机器厂创办人严裕棠的旧居。

武康路 274 号，为抗日名将、曾为京沪卫戍副总司令、原全国政协常委郑洞国旧居。

武康路 280 弄 11 号花园住宅，为原商务印书馆出版家李拔可旧居。

武康路 280 弄 64 号花园住宅，为原中共上海市公安局党委副书记、上海市人民检察院检察长林道生旧居。

武康路 321 号，为曾主演《新青年》《木兰从军》等影片、被誉为"中国电影皇后"的影星陈云裳旧居。

武康路 376 号，民国外交部长郭泰祺、上海早期的著名电影人张翼曾在此居住。

武康路 382 号，早年发起和组织赴法勤工俭学运动、世界社创办人之一李石曾旧居。

武康路 390 号，原为意大利驻上海总领事尼隆（Comm. L. Neyrone）的官邸。现上海这种地中海风格的小洋楼仅存两座，还有一座在高安路 63 号。

武康路 391 弄 1 号，为著名电影演员周璇旧居。

武康路 393 号，是曾经与孙中山共同组建同盟会的民国开国元勋黄兴的旧居。孙中山曾多次过往此地。

武康路 395 号花园住宅，为民国时期世界社、世界学院、国立北平研究院镭学所和药学所等机构的所在地。

武康路北段的华山路 849 号，晚清重臣李鸿章雄踞于此，拥有上海滩第一座中西合璧的花园别墅——丁香花园。

武康路口的淮海中路 1842—1858 号诺曼底公寓（今武康大楼）为上海最早的外廊式公寓，许多著名影星曾居住于此。

黄兴旧居

与武康大楼一街之隔的淮海中路 1843 号花园住宅是中华人民共和国名誉主席、孙中山夫人宋庆龄的故居。

武康路口的湖南路 262 号湖南别墅，周佛海、贺子珍、邓小平、陈毅等先后在此居住。

武康路街区内的高邮路 5 弄 25 号，现代著名文学家和文学史家、国家文物局第一任局长郑振铎曾居住在此。

武康路街区内的五原路 288 弄 3 号为张乐平旧居。 [1]

文物史迹丰富

武康路从南起上海宋庆龄旧居，北至晚清重臣李鸿章的丁香花园，1170 米的沿线区域拥有全国重点文物保护单位 1 处；徐汇区文物保护单位 5 处；上海市优秀历史建筑 11 处；在 29 处名人旧居中，已经公布为文物保护单位、优秀历史建筑或登记不可移动文物的有 18 处。

[1] 相关资料参阅本书《老房子：上海"拉丁区"里"凝固的音乐"》。

文化名街也有创新

历史建筑和文化名街不仅记载城市历史的昨天，也体现创新时代的今天。

近年来焕然变身的武康庭，正是武康路变身的一个缩影，武康庭位于武康路泰安路附近。前面的红砖老洋房原是民国外交官的宅邸，后面的白色楼宇是建于 20 世纪 70 年代的原上海市仪表工业局的办公楼。如今武康庭吸引了许多创业公司和特色品牌。艺术画廊、法式餐厅、情调咖啡冰淇淋店等，让欧陆风情与海派文化浑然交融，让武康路的魅力不仅仅依靠老房子的情怀积淀。

一座城市，因个性独特的地标使人印象深刻。

一个街区，因富有魅力的道路让人流连忘返。

高邮路：郑振铎蛰居在周佛海对面

　　1958 年 10 月因飞机失事而殉职的郑振铎生前与高邮路密切有关。

　　高邮路长 355 米，头尾连通复兴西路和湖南路。高邮路的门牌编号，是从复兴西路一端开始计数的。高邮路 5 弄离复兴西路路口仅几步路。沿着 5 弄走进去，狭窄的小弄堂，两侧分布着一幢幢花园洋房和新式里弄房子。5 弄的另一出入口在湖南路。临出弄堂前的一侧，有长长的一道浅黄色高墙，高墙后

面就是湖南别墅。

抗战时期，现代文学家、文学史家翻译家、考古学家、收藏家郑振铎秘密隐居在高邮路 5 弄 25 号，窗户对面的湖南别墅原是大汉奸周佛海的老宅。虽临近虎穴，但郑振铎秘密隐居，暗中从事大量进步文学工作，全力收藏中华文化珍典古籍。

大智大勇潜居在虎窟旁

25 号楼房外的墙上镶嵌一块石牌，石牌文字标着"郑振铎寓所"。有专家认为，寓所的提法，好像这里曾经是郑振铎正式的家似的。如改为"郑振铎抗战时期蛰居地"，那就比较合适（因为郑先生后来写过一本书《蛰居散记》）。"在此居住"如改为"在此秘密隐居"就更好。郑先生借居过的那栋房子很普通，借居的是其中小小的两间。一作卧室，一作书房。

郑振铎抗战时期蛰居地

据郑振铎所著《蛰居散记》叙述，这地方当年靠近郊区，十分冷僻，四周都是菜地，时时可见农民在松土、施肥。他有时出去在田地上走走，也不必担心会遇见什么认识的人，因此十分适合他过躲藏的生活。后来知道，大汉奸周佛海就要搬过来住。特务、警察曾多次来周围调查附近居民的情况。周佛海搬来后，整夜整夜地灯火辉煌，笙歌达旦，害得他被吵闹得不能入睡。而且，他的窗口正对着周家的厨房，周家白天黑夜不停地炒炸煎爆，厨房喷出的大量油烟使得他连窗也不好打开。郑振铎沉着应对，不露破绽，潜居在虎穴旁。他曾引用唐人张籍的诗句来形容自己的处境："共知路旁多虎窟，未出深林不敢歇。"

就这样，郑振铎大智大勇地潜居在虎穴之旁，直到抗战胜利。

这里还有许多陈年往事

围绕高邮路，如今还有许多个人回忆。这些留存在民间的"野史"和正史合成了一幅幅有精度、可复核的城市文化影像。

高邮路一位崔姓老居民，以个人视角这样回忆：想想小的时候，马路上几乎没有什么行人，更不用说车子了。静僻幽雅、无形中透露出一种贵族气息的高邮路，矜持地与繁华都市保持着距离。

高邮路由李鸿章筑于1925年，原以来华任职的法国汉学家高递爱的名字命名，后更名库信路，1943年改名为高邮路。

新中国成立初期，中共华东局机关就在这条路上，陈毅、潘汉年、刘亚楼、陈赓等先后在此办公。

高邮路口有一栋法式公寓楼，1936年建造，人们把它称作为"五层楼"，就像称武康大楼为"九层楼"、称国际饭店为"二十四层楼"一样。国庆节，人民广场放焰花时，可在"五层楼"楼顶看得清清楚楚。

林元英旧居

高邮路17号原是洋行、银行宿舍，居住的有襄理等，相当于副经理，属于银行高级管理人员。22号："上海说唱"演员黄永生早年就住在这里。52号旁即50弄弄口，原有一个给水站，上海人叫接水站。先去买竹筹子，凭一根竹筹子可以挑一铅桶水，大约10千克，每根竹筹子2分钱。55号：原居住着中国妇产科专家林

何世桢旧居

元英。68 号：这栋新古典风格的三层花园洋房，1927 年建造，原是爱国民主人士何世桢的住宅。后一度为上电医院。"文革"期间，高邮路 5 弄 25 号的前面，原来有个砖窑厂，路上还有一个料瓶厂，旁边有一间低矮的破旧屋，"文革"时住了一位老太，整天穿着黑色的厚衣裤，夏天也如此，感觉她好怕冷，一直在过着严寒的冬天。人们都她叫"XX 老太婆"，听说她曾经是袁世凯的小老婆。

高邮路的陈年往事，或让人唏嘘不已，或让人联想万千。它像衡复历史风貌保护区里其他有故事的小马路、老房子等一样，构成新老上海人对海派城市不同年代生活的无尽记忆。

东平路：达官要员老宅云集

长390米、宽12.5米的东平路，云集着蒋介石、宋子文、孔祥熙3座旧居老宅。距离蒋介石、宋美龄居住的"爱庐"东边20米，是另一座法国建筑风格花园、当年孔祥熙的住宅；西边一栋红色块面砖洋房，与"爱庐"距离50米，是当年宋子文的住宅。

蒋介石、宋美龄居住"爱庐"

东平路9号，是蒋介石、宋美龄居住的"爱庐"。1927年12月蒋介石与宋美龄结婚时，一时找不到满意的住宅，常在

蒋介石、宋美龄曾居住过的"爱庐"

饭店临时留宿。结婚之后，宋美龄长兄宋子文终于觅到原法租界贾尔业爱路（今东平路9号）一幢花园洋房，主人正要出售，就买下送给妹妹宋美龄，以后蒋介石与宋美龄到上海较多居住于此，成为蒋介石的上海官邸。蒋介石十分喜爱这座法国式花园洋房。

这幢欧式花园住宅，正房四开间，假三层，立面是水刷细卵石。窗口、门廊、墙隅均为齿状仿石装饰，屋顶设置老虎窗。别墅由一座主楼与两座副楼组成。主楼面南，由造型不一的东、西、中三个单元组成。副楼位于主楼两侧，分别是侍从人员、警卫人员的住所及工作室。东侧底楼是一个大客厅，可容40余人，当年宋美龄常在这里放映美国电影。二楼是蒋氏夫妇的卧房及卫生间。卧室内用小柚木条拼嵌地板，墙上曾挂春、夏、秋、冬四帧花鸟条幅。卧室门口有一暗道，可直达楼外。卧室外有一阳台，当年蒋、宋常在这里眺望宅前花园。

官邸前原是一个占地2000平方米的大花园。据蒋介石秘书汪日章回忆：大花园有几棵拔地而起的大雪松，生机勃勃，靠南有溪流穿过草坪，溪阔3米，溪内有大小石块，可徒步跨跃而过。花园东侧有池塘、假山、小桥，周围用鹅卵石铺筑小道。现花园西侧已另建楼房，东侧草坪、池塘保留着原有风貌。特别是草坪边上一棵高大的雪松依然青翠挺拔。池塘周围两座假山，一前一后、一大一小，错落有致。小假山小巧玲珑，大假山则稍有气势，一派中国古典园林风光。大假山上，有蒋介石书写镌刻的"爱庐"两字。蒋介石把庐山观音桥的牯岭别墅，称为"美庐"；把杭州西子湖的别墅称为"澄庐"，而把这里的花园洋房称为"爱庐"。

1951 年，这里成了贺绿汀创办的音乐班，后改名为上海音乐学院附属中学。

上海音乐学院附属中学

"中国的理财家"的豪宅之一

东平路 11 号，是宋子文在上海的多处豪宅之一。这幢楼坐北朝南，三层，砖混结构。屋顶红瓦覆盖，有两个坡度，在

宋子文在上海的豪宅之一

坡度上开设装有檐口的窗户，做成"老虎窗"。底层设敞廊，二层有露天大阳台。露天阳台为方形，约 70 平方米。宅前有大花园。

宋子文是民国时期蒋、宋、孔、陈"四大家族"之一。宋子文出生于上海，毕业于上海圣约翰大学。后去美国哈佛大学攻读经济学，获硕士学位，继入哥伦比亚大学，获博士学位。1925 年任国民政府财政部长，被欧美财政界一些人称做"中国的理财家"。1942 年任国民政府外交部长。1945 年出席联合国大会任中国首席代表。他在上海拥有多处豪宅，除了东平路 11 号，还有岳阳路 145 号、永嘉路 501 号、虹桥路 1430 号等。

紧密相连的姻亲关系

东平路 7 号，是孔祥熙居住过的一幢砖木结构的假三层花园住宅，具有北德地区或丹麦的建筑风格。陡峭的大块面屋顶，跌檐下开小窗的山墙，高耸的壁炉烟囱，小而厚实的窗户，都有利保暖。

孔祥熙曾先后担任过国民政府行政院副院长、院长、财政部部长、中央银行总裁等职。1914 年孔祥熙与宋霭龄结婚。宋

孔祥熙居住过的花园住宅

霭龄在日本时把大妹宋庆龄介绍给孙中山做秘书，嗣后孙中山与宋庆龄结婚。1927年宋霭龄又撮合小妹宋美龄与蒋介石结婚，就此形成紧密相连的姻亲关系。

民国时，孔祥熙私人财产列"四大家族"之首。孔氏家族仅在上海还有3处豪宅，分别是永嘉路383号、多伦路250号、虹桥路1472号。[1]

[1] 参阅《上海名建筑志》、《徐汇区文物志》、《梧桐树后的老房子》、《上海徐汇》等。

桂林路：黄家花园引人探秘

位于桂林路128号的桂林公园，曾是昔日上海滩闻人黄金荣的老宅，又称黄家花园。据《方志上海》记载：1931年，黄金荣耗资350万元，把原来仅2亩多地的黄家墓地扩建成为

占地 34 亩的花园，园中仅桂花树就种植了 600 多棵。

1953 年夏，黄金荣去世，黄家花园收归国有，经全面修葺后，于 1958 年 8 月 1 日正式对外开放。1986 年又在公园东侧新辟了 18 亩园地，至此，桂林公园占地面积扩为 52 亩。

建筑融入宫殿式风格

走进桂林公园，刚进门，映入眼帘的便是一条长长的龙墙通道，看似简明，实则深远，让人联想起黄金荣深不可测的内心世界。转过二道门，侧旁的湖石假山依傍而起，公园布局虚实对照。园中分散各处的小景紧密相连，互生情缘。围绕桂树为主题布置了坐亭赏桂、双虹卧波、荷风掠影、枕流听瀑等园

桂林公园

林景观。公园的建筑融入了帝王宫殿式风格。

四教厅

整个建筑以四教厅为中心，厅南的八仙台和厅后的静观庐遥相对称，厅东的观音阁和般若舫与厅西的九曲长廊和颐亭左右呼应，四教厅在纵横交汇的轴线建筑构架中起了统领作用。

颐亭

进入四教厅，这里面积达 250 平方米，四周的折门共有 72 扇。在大厅的门窗、梁、柱、隔扇上刻有 24 孝图和隋唐、三国故事，体现"文、行、忠、信"的儒家理念。这四字取自《论语·述而》，乃温文尔雅、德行端正、忠心竭力、诚实可信之意。三盏巨大的西洋铜灯悬挂于房顶中央，大厅四周环以两米多宽的走廊，宽阔舒畅。整个建筑的结构造型为江南所罕见。当年黄金荣托人从北京特地运来原根红木，精制成 12 把红木大交椅。黄金荣曾在桂林公园老宅里招待社会名流并与心腹聚会议事、受徒子徒孙朝拜。

免费素餐和关押人质

古时江南庭院的主人多有在官场上受挫遭贬的经历，晚年辞官回乡时，总觉得官场叵测，稍不留神就要翻船，所以爱在自己隐居的林园里建造石舫，以求平稳度日，不畏风浪。

桂林公园的般若舫位于公园的东侧，舫身用花岗石砌成，长 18 米，中间宽 2.5 米，舫首舫尾皆宽 2.2 米，三面环

般若舫

水，临池而靠，舫首朝西，舫尾向东，两层重檐，歇山篷顶。石舫船头是台，前舱是亭，中间是阁，后舱是楼。黄金荣并不是什么官，蒋介石虽封他"少将"，也只是个空名，所以舫里舫外摆满了红木大躺椅，黄金荣可以在此喝茶看景、图个逍遥。

黄家花园内设有关帝庙，庙后的小山上设有观音阁，题名为紫竹林。观音阁位于公园东侧的假山之上，呈四方形，仿寺庙建筑，门扇倚重，古朴肃静。每年农历九月十九日乃观音菩萨生日，黄金荣准许善男信女入园到

观音阁

观音阁礼拜，且一律以免费素餐相待。但具有讽刺意味的是，黄金荣居然叫人在观音阁下挖了一个大洞，用来堆放枪支和关押被绑架的人质。

围着名角学唱京腔昆曲

鸳鸯楼，原名静观庐，是黄家花园的住宅建筑。分为上下两层，楼顶飞檐起翘，楼底洞门相隔，楼外旋梯宽阔。新中国成立前，每年立夏后，黄金荣便带上大小仆佣迁至花园内度夏避暑。静观庐内常闻女眷们围着沪上名角学唱

鸳鸯楼

京腔昆曲的声音。

公园里还有九曲长廊、飞香厅、飞香水榭、颐亭等园林景致。颐亭的脊顶为古典棚式，亭底配花雕长门，亭身清水壁面，白色嵌线，红白相间。它建在300平方米的长方形水池中，池南与池北之间以平桥相连，亦中亦西，为中国古典园林建筑中之少见。

桂花吹断月中香

桂花是我国传统的名贵香花，1987年5月被评为我国十大名花之一。李商隐诗句有"昨夜西池凉露满，桂花吹断月中香"。

桂林公园是上海地区赏桂旅游的最佳胜地。现在世界上有桂花品种 32 种，我国占 27 种，桂林公园内共 23 个品种。桂花成为公园的主要特色。园内栽有金桂、银桂、丹桂、四季桂等桂花名贵品种，约 1000 余株。每年桂花盛开季节，这里举办一年一度的"上海桂花节"。游人纷至沓来，翘首凝视，流连忘返。

烈士陵园：松柏傲霜 桃花灼灼

松柏傲霜　兰蕙其芳

浩气凌云　功被八荒

烈士之风　山高水长

千秋万岁　永矢不忘

—— 中共上海市委、上海市人民政府 1995 年 4 月 5 日为
龙华烈士陵园题刻的碑文

龙华烈士陵园大门

龙华千古仰高风

清明时分，桃花盛开。人们怀着崇敬缅怀的心情，来到龙华古塔西侧的龙华烈士陵园。烈士陵园林木苍翠，有邓小平同志为龙华烈士陵园题写的园名，江泽民同志为纪念碑题写的"碧血丹心为人民"，陈云同志为纪念馆题写的馆名。这里原为国民党淞沪警备司令部旧址和龙华革命烈士就义地。中华人民共和国成立后，作为革命烈士纪念地予以保护，20 世纪 90 年代初与上海烈士陵园合并建设。1995 年 7 月 1 日建成开放。龙华烈士馆 1997 年建成开馆后，首次改成布展，2017 年 10 月正式开展。

龙华烈士陵园纪念碑

龙华烈士陵园被称为"上海雨花台"。陵园东侧有大片桃树林，周边内侧还种有红花夹竹桃。每当春天，但见落英缤纷，不由使人想起在龙华牺牲的革命烈士临终前写下的诗句："龙华千古仰高风，壮士身亡志未穷，墙外桃花墙里血，一般鲜红一般红。"

万里长空且为忠魂舞

龙华烈士陵园建有纪念瞻仰区、烈士墓区、遗址区、烈士就义地、碑林区、青少年教育活动区、干部骨灰存放区和游憩区共8个功能区。园内有大草坪，大面积的松柏、香樟、红枫、桃花、桂花、杜鹃，使

龙华烈士陵园烈士墓区

陵园呈现"春日桃花溢园，秋日红叶满地，四季松柏常青"的景色。

星罗棋布的纪念雕塑，成为烈士陵园内的醒目建筑。在陵园东侧，入口处是一座名为"且为忠魂舞"的大型烈士群雕，底座镌刻毛泽东手书的《蝶恋花》，两座碑亭皆为方形，攒尖

雕塑"且为忠魂舞"

顶，亭中央各立一根四面有碑文的碑柱。碑廊外一侧建有对称的两座碑墙，一墙镌刻鲁迅《为了忘却的纪念》全文手迹；另一墙镌刻烈士诗文 29 首。

"且为忠魂舞"大型烈士群雕是 1985 年由共青团上海市委倡议、全市百万青少年集资兴建的，以铭记当代青少年对革命先烈的缅怀之情。上海市政协学习委员会常务副主任、时任团市委宣传部长的柴俊勇至今清晰记得这座群雕的建设落成过程。他回忆说：雕塑用全花岗石雕凿而成。造型有特点、有气势。雕塑落成时，中共上海市委领导陈国栋、黄菊等前来，庄重肃穆地揭开覆盖在"且为忠魂舞"雕塑上的红布。起先，红布是顺势覆盖在雕塑上的。为了按照预订的方案让大块红布能准确地移动位置，从雕塑上掀开，团市委工作人员想了许多办法，甚至包括事先在红布内部和周围安放吹风机、配有白色干冰等。落成仪式开始后，现场响起"五月的鲜花"乐曲声，覆盖在雕塑上的红布迎风扬起、缓缓飘落。团市委工作人员怀着虔诚敬仰、一丝不苟的精神，确保《且为忠魂舞》雕塑落成仪式在庄严、隆重、肃穆的气氛中顺利完成。雕塑高 10.5 米，自重 250 吨，以 7 位烈士造型，表示"奋搏""力量""胜利"，上方飞舞的仙女造型显示了"万里长空且为忠魂舞"的含意。

春天龙华的桃花开了

不远处的烈士墓区，由烈士纪念堂和烈士墓地及无名烈士墓组成。11 座大型雕塑与纪念广场坐落于南北主轴线上。这里安葬着 1600 余名烈士，秦鸿钧烈士和根据他事迹改编的电影《永不消失的电波》，被青少年学生和广大市民所熟悉。

秦鸿钧生前担负党的地下电台工作，上海胜利前夜被捕。面对敌人的审讯和酷刑，他坚贞不屈。牺牲前，敌人问他还有什么话要说。秦鸿均回答："用不着讲什么，少数人倒下去，千万个人会站起来继承我们的事业！"当天深夜，他和 12 位难友高唱"国际歌"，高呼着口号"中国共产党万岁"牺牲。

　　秦鸿钧是无数革命先烈中的一位。1950 年，在原国民党军法处刑场遗址发现了 18 具骨骸及碎骨、镣铐，经考证确认，是 1931 年 2 月 7 日晚被秘密集体枪杀的 24 位烈士，其中有林育南、何孟雄、李求实、柔石、冯铿等多人。左联女作家冯铿牺牲时，子弹在她所穿的羊毛背心上留下了弹孔。

　　徐汇区图书馆 4 楼的徐汇历史风貌保护资料馆里，有档案证实：曾经在徐汇区从事过革命活动并牺牲在这块土地上的烈士，加上从小在徐汇区生活长大、或者烈士家属现在仍然居住在这一地区的人数，竟有 374 位之多。人们不由想到，在浦江两岸、在整个中华大地上，曾有多少英烈壮烈牺牲啊！

　　时光流逝，烈士就义时的血迹如今已经消失，但"上海雨花台"依然松柏傲霜、桃花灼灼。革命先烈永远活在人们的心中。

交大基因：地上泥土宇宙星

上海交通大学前身——南洋公学

　　上海交通大学创办至今120多年来，以它的优秀文化基因发展成为神州大地上高等院校中的佼佼者。

门楼牌坊显露气质风貌

　　交通大学，前身为清末大理寺庙少卿、邮传部大臣盛宣怀于1896年创建的南洋公学，是国人在沪自办的第一所大学。

　　位于华山路 1954 号的上海交通大学，门楼是一个牌坊，宽 16 米，进深 8 米，高 6.8 米。一层三开间的牌楼大门开在交大校园的东侧，屋顶为绿色琉璃瓦，猩红墙面勾勒砖型白线，门前有两尊石狮。高等学府的气质风貌，悄然从门楼牌坊显露出来，令莘莘学子心驰神往。

　　走过门前的石桥栏杆，就进入交大徐汇校区。听长辈说，这里原有木桥，后修成石桥，桥下有水。现已经填平，只留下石桥栏杆。随着岁月的流逝，昔日记忆中的校园印象，如今可

上海交通大学大门（徐汇校区）

有变化？

烈士英名镌刻心灵

清明时分，老师、学生前往竖立在交大校园内的烈士纪念碑祭扫。交大学生穆汉祥、史霄雯两位烈士的英名至今让人难忘。穆汉祥烈士用鲜血实践了自己的誓言——"我愿化为泥土，让人们践踏着走向光明的前方"。在花岗石色的墓碑上方，有陈毅同志的亲笔题辞："为人民利益而光荣就义是值得永远纪念的。"人们记住了穆汉祥、史霄雯两位烈士牺牲时的年龄：25 岁、23 岁。

1945 年，穆汉祥考进了交通大学。一进大学，他就给朋友写信："我为自己立下了格言：'知识就是力量，真才实学是救国救民的伟大事业的基础。'"他在日记中写道："想起苦难深重、陷在水深火热之中的祖国，想起挣扎在饥饿死亡线上的人民，我的心

穆汉祥、史霄雯烈士之墓

无法平静,我不敢快乐。"1947 年 7 月,他参加了中国共产党。
1949 年初,地下党决定在交大建立新民主主义青年联合会(交
大新民主主义青年团前身),由穆汉祥负责筹建。之后,他担
任中共徐汇地区分区委委员,组织工人协会及人民保安队,为
迎接上海解放作准备。1949 年 4 月 30 日下午,穆汉祥在虹桥
路被特务劫持。5 月 20 日在闸北被秘密杀害。[1]

史霄雯 1945 年考入交大化学系,曾任学生会化学学会会
长。先后主办《雄风》《每日文摘》《每日新闻》等刊物。
1949 年 4 月,加入新民主主义青年联合会。1949 年 4 月,被
列入反动当局"黑名单"。5 月 20 日,在闸北英勇就义。穆汉祥、
史霄雯只是 28 位交大英烈中的两位。[2]

宇宙闪亮钱学森星

交大的光荣传统,在一代代师生身上传承发扬。我们前往
交大原老图书馆、现档案馆和校史博物馆参观。2011 年落成
的钱学森图书馆经过整修,在 2016 年 12 月重新开放。

走进钱学森图书馆,可以看到馆内"宇宙星空中的钱学森
星"的主题装置艺术,还可以看到用于嫦娥探月和北斗卫星等
工程的 490 牛发动机,用于神舟号系列飞船的 2500 牛空间发

---

[1]《青青犹在》,上海交通大学出版社,2005 年。
[2] 参见上海交通大学官网"交大英烈"栏目。

交大图书馆

动机等一批全新征集的珍贵藏品。 2016年是中国航天创建60

周年和上海航天创建55周年，"钱学森与上海航天"专题特

钱学森图书馆

钱学森图书馆内景

展在这里举行。纪念馆珍藏的 62000 万件（套）珍贵实物、文献、手稿和照片，展现了 20 世纪 30 年代交大铁道机械工程专业毕业生、中国航天科学家钱学森的光辉一生。

钱学森图书馆馆长、钱学森之子钱永刚回忆了父亲人生中的五次选择——

报考大学时，钱学森父亲叫他先听听大家的看法，再填报志愿。中学数学老师认为钱学森数学好，应报数学系，将来当数学家；而国文老师认为钱的文章写得好，要报中文系，将来当作家；而钱学森的母亲希望子承父业，学教育；还有老师认为钱学森艺术上有天赋，建议学画画、学作曲，将来当画家、作曲家。而钱学森已有自己的主意。他做出了人生的第一次选择：要学铁道工程，给中国造铁路。他经常听老师讲孙中山及其《建国方略》。孙中山给出了一整套振兴国家的设想，要发展交通、尤其要发展铁路交通。所以他报考了当时全国最好的大学交通大学的机械工程学院，学的是铁道机械工程专业。

日军侵略中国后，钱学森在校园里目睹着天空中的日本飞机，做出了人生的第二次选择：改学航空工程。大学毕业后，他报考第二届"庚款留学"公费生，专业是航空工程。他以当年航空专业第一名的成绩被录取。

到了美国麻省理工学院航空系读研究生后，他做出了人生的第三次选择：从做一名航空工程师，转为从事航空理论方面的研究。他向当时航空理论研究的最高学府加州理工学院提出申请，并且只身一人来到学院敲开了后来他的导师冯·卡门教授办公室的门。经过口试，冯·卡门教授非常满意这个年轻人，录取了他。

20 世纪 50 年代，钱学森回国，国家做出了要研制中国自己的导弹火箭的战略决策，把研制导弹火箭的任务交给他，并让他来领军。国家的需要使得钱学森做出了他人生的第四次选择：从学术理论研究转向大型科研工程建设。他义无反顾地把毕生的精力贡献给了中国航天事业。经过半个多世纪的发展，中国跻身世界航天大国之列，弹（导弹）、箭（火箭）、星（人造地球卫星）、船（飞船）、器（深空探测器）全面发展。钱学森出色地完成了国家赋予他的任务。

1982 年，钱学森从行政领导岗位退下来，又做出了他人生的第五次选择：再次回到学术理论研究当中，开始他科学报国人生的华彩乐章。[1]

地上泥土宇宙星，红色基因永传承。漫步校园，可以看到文艺复兴建筑风格的总办公厅、匈牙利设计师邬达克设计的工程馆和大门牌坊、中院、体育馆等，这些优秀历史建筑会长久留存，而交大人跨越三个世纪所形成的红色文化基因，已经融进一代代师生的血脉，在他们心底恒久驻留。

[1]《科技日报》，2015年5月5日。

徐汇滨江：璀璨明珠点亮西岸新空间

"刘姥姥"漫步新空间

老上海人到徐汇滨江这个崭新的地标环境空间去观光漫步，乘坐轨道交通七号线到龙华大道站、或十一号线到云锦路站下车，一路走向黄浦江边，令人惊讶的意外让他们呆住了。

徐汇滨江

原来熟悉的厂房、厂区、厂名，如今消失了。当年中国最大机场之一的龙华机场、试制国产运十飞机的上海五七〇三厂、煤码头、铁路南站及其候车室，现只留下部分老建筑的身影。曾经是集聚"铁""煤""砂""油"的工业运输大户，包括水泥厂、合成洗涤剂厂、造纸厂、耐火材料厂、木材厂、北票码头等在内的大工业厂区，已在上海经济新版图销声匿迹。

今天，徐汇滨江这个新空间，在两桥（卢浦大桥、徐浦大桥）四隧（打浦路隧道、龙耀路隧道、上中路隧道、建设中的龙水南路隧道）、三轨交（七、四、十一号线）的交通圈包容

滨江公共开放空间

环绕下，一批新地名随之诞生：龙腾大道、瑞宁路、瑞江路、凯滨路、丰谷路、龙启路、云锦路……纵横交错的道路绿树成荫。其中沿着黄浦江西岸"贴身而行"的龙腾大道，建路时特意把底部垫高，让它成为上海第一条驾驶员开车时可直接瞥视欣赏美丽江景的宽敞道路。

"去西岸吗？"——这已成为摄影迷、文艺青年、媒体记者和画廊主人之间打招呼最常用的话语。去西岸观摩一场展览、体验一段夜跑，甚至"遛娃"、放空，都成了一桩"有范儿"的经历。老上海人来到徐汇滨江，有点像刘姥姥进大观园。

滨江公共开放空间

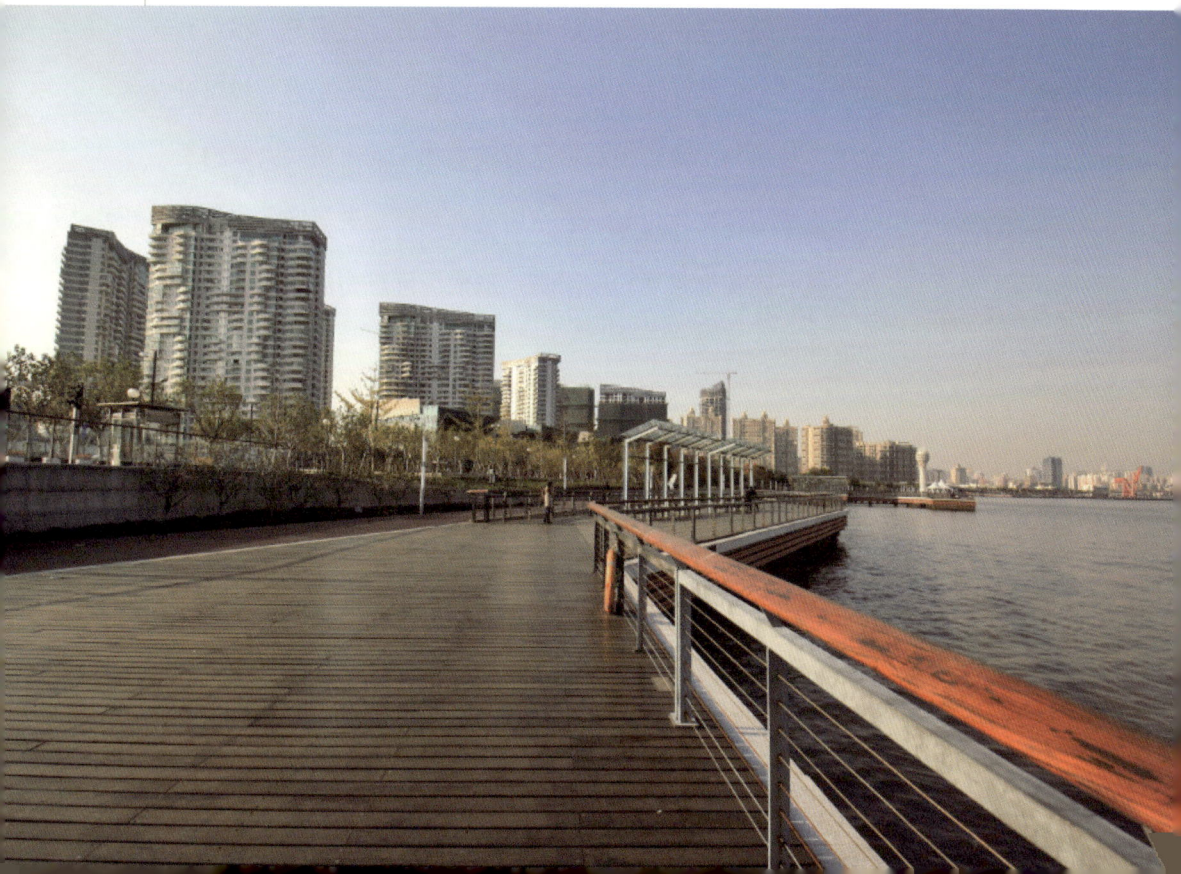

期待浦江未来百年风华

上海徐汇滨江，深藏黄浦江下一个百年风华。

根据上海 2040 城市总体规划和徐汇区的具体安排部署，徐汇滨江正在成为繁荣活力的国际魅力滨水区。这条滨水岸线，将开发利用好"水面—岸线—腹地"资源，成为区域文化的强劲辐射源。如今一张张新蓝图深思熟虑精心绘就，一批批新项目已经拔地先后建成。

徐汇滨江分别建设活力示范区、文化核心区、自然体验区、生态休闲区。这里既有绿色生态的留白环境，也有位置准确精细的九宫格楼宇设计，楼宇地下可容纳 5400 辆车。地面上分布四条线路（休闲步道、滨水步道、自行车休闲道、预留有轨电车）。徐汇滨江地区是上海浦江留存的至今最大一块可开发地区，被喻为上海市中心城区待裁剪加工的宝贵"大衣料"。全部建成后，文化传媒、航空服务、创新金融等产业将先后落户，核心商务区景观轴线清晰，形成国际魅力滨水岸区和世界一流开放滨水区。

明珠布满西岸弧线

美术馆大道最先定位　龙美术馆、余德耀美术馆、星美术馆、上海摄影艺术中心、西岸艺术品保税仓库等艺术场馆，分别坐落在西岸文化走廊上，它们的许多原址都是百年老厂。在

龙美术馆

北票码头原址变身建成的龙美术馆，以当年"煤漏斗"为原型。体现工业文明遗存的场所特性。余德耀美术馆利用上海飞机制造厂飞机库的大跨无柱空间特点，既有现代感的新馆，一侧又保留原厂房的拱形屋顶、桁架、铁门；油罐艺术公园，则保留部分油罐，利用中空结构，改成360°全景舞台；塔吊演艺广场，保留原来的工业塔吊，似在诉说一段段历史故事。一批知名艺术家工作室和苏富比、香格纳等知名企业入驻西岸。西岸艺术季、西岸音乐节、西岸建筑与当代艺术双年展、"雨屋"亚洲首展等，提升了徐汇滨江的文化气质。

西岸传媒港旗舰引领 西岸传媒港等成为最新推进的一批重大文化项目，项目总建设用地面积约19万平方米，规划

西岸传媒港效果图

总建筑面积 100 万平方米。 西岸传媒港将于 2018 年基本建成，包含文化传媒区、复合功能商业区、滨水活动区等多个区块。水泥厂旧址将打造迄今为止最大的中美文化合作项目。腾讯、湘芒果、游族、万达、恒基等名企和旗舰项目，落户在这一密集成片、规则分布的"九宫格"建筑群内。这里将建国内最大的 IMAX 电影院、乐高体验中心、中国首个百老汇风格的文化场馆群等。

老厂原址华丽变身　五七〇三厂变身为西岸艺术中心。原来的龙华机场跑道，将变为大树成荫的跑道公园。多排大树列队成行，避免健身人群夏日爆晒。油罐艺术公园，由原来中航

西岸艺术中心内景

油大型油罐改建而成。油罐画廊、艺术餐厅、多功能展示区坐落其间。直升飞机届时也可在这里起降。

　　百年大计世纪精品　　2017 年年底，上海实现杨浦大桥至徐浦大桥 45 公里公共开放空间的基本贯通。徐汇区始终按照"百年大计、世纪精品"的原则，围绕品质、文化内涵、功能提升，建成 8.4 公里景观大道、开放 80 公顷公共空间，沿江跑道、亲水步道、休闲自行车道，实现南北贯通。徐汇滨江还充分利用岸线周边的工业遗存，原上粮六库的筒仓已被艺术化改造，设置筒仓秀场，可容纳主题表演、攀岩、灯光秀场等活动。

从"光启计划"到"西岸计划"

徐汇滨江这块区域如今被赋予一个文艺新名字——上海西岸。

吸引伦敦、巴黎、上海等全球水岸城市专家学者，来到这里参加的"2016全球水岸对话"，城市规划专家和城市管理者不仅注意到上海徐汇滨江的空间规划，更关注西岸滨江的文化战略、定位和理想，希望给西岸未来的文化发展注入灵魂，提出"从光启计划到西岸计划"。

"光启计划"代表的是以"西学东渐"为内涵，成就了近代以来最早与西洋文化接触的徐家汇文明。"西岸计划"则要用国际化的理念和方式，传播海派文化乃至中国文化从上海西岸走向世界。徐汇滨江地区的一颗颗璀璨明珠，正在点亮西岸新空间。

武康大楼：口述传承城市文脉

20 世纪 20 年代的武康大楼

巨轮般建筑留下岁月沧桑

淮海中路、武康路、兴国路的交叉汇合处，巍然屹立着一座犹如巨轮般的建筑——武康大楼。它的外形被认为是沿袭了欧洲人喜欢将航船引入建筑的传统。[1] 武康大楼于 1924 年由万国储蓄会建造，匈牙利建筑设计师邬达克设计。它是上海第一座外廊式公寓大楼。

大楼外观为法国文艺复兴式风格。建成后命名为诺曼底公寓，为的是纪念法国战舰诺曼底号。因公寓的地皮在道路相交的三角形地块上，建筑师便因地制宜地将平面设计成了三角形，南面沿街底层是老欧洲的骑楼样式，拱形门洞构成了一个开放走廊。建筑一、二层立面是水泥仿石墙。底层有高高的天花板

武康大楼一层走廊

和宽大的台阶。三层至七层外立面为黄褐色砖块贴面。三层有阳台式长走廊，犹如一条腰带镶嵌在建筑立面。四至五层立面有部分外挑阳台。建筑的顶层，则再次回到水泥仿石质墙面。

[1] 参见《武康路》，中华书局，2017 年。

长长的阳台奇妙地沿着整个建筑外墙转了一圈，中间全部贯通，起到了顶部腰线的作用，体现了建筑立面的层次感。

新老房客 名人汇集

最初入住这座公寓的全是西方侨民，而且是在上海滩已大有斩获的上层侨民，这些人大多是在电车和自来水公司供职的高层外籍职员，如嘉第火油物业公司的销售总代理、西门子上海公司经理等。随后，华人中的一部分也进入了这幢大楼，其中便有当年上海滩著名报纸《华美晚报》的总经理朱作桐，他就住在诺曼底公寓七楼的一个大套间里。1941 年，朱作桐被汪伪特务机关 76 号派遣的特务暗杀在自家寓所的门口。太平洋战争爆发后，居住在诺曼底公寓中的大批英、美、法侨民不是被日本军关入集中营，便是被遣送出境。到 1945 年，诺曼底公寓的全部套间有三分之二无人居住。

抗战胜利后，孔祥熙的女儿孔二小姐把这座大楼买了下来。当时新华影业公司和联华影业两家电影公司都设在诺曼底公寓附近，因其楼下有咖啡厅及茶餐厅，电影界人士平时喜欢在这里聚会，讨论剧本，会见演员，切磋表演。之后，便有许多电影人士陆续租住在诺曼底大楼。如有"东方第一母亲"之誉的电影演员吴茵，因一部《渔光曲》而红透中国的电影明星王人美，著名电影艺术家郑君里以及赵丹和夫人黄宗英等都是这

幢楼的居民。1953 年，诺曼底公寓被上海市政府接管并更名
为"武康大楼"。

武康大楼——武康路的标志性建筑

这里还曾住着电影表演艺术家孙道临和越剧表演艺术家王文娟，这里是他们的婚房，他们在这里生活了半个世纪。除了孙道临、王文娟，秦怡、郑君里等也曾在此居住生活。[1]

口述实录项目启动推进

武康大楼里的新老房客，如今不知变了多少，研究城市历史文脉的专家、学者或居住在附近的老上海市民，始终"跟踪关注"他们。徐汇区湖南街道尝试以居民口述历史的形式，保存城市记忆，传承城市文脉。城市史研究学者、建筑学家、作家等应邀参加口述历史可行性的论证，并以走访、座谈等形式征求居民意见。围绕武康大楼的口述历史项目现已启动。口述武康大楼历史的专题纪录片，整理了这幢经典建筑的前世今生。

城市历史研究专家、学者和有关单位还考虑选择一个单位（如上海交响乐团等）、一条马路（如安福路等）、一条弄堂（如复兴西路44弄玫瑰别墅等）、一个家族、一位名人的"六个一"，部署开展口述历史项目，为城市文脉留下鲜活的记忆。

[1] 参见《永不拓宽的上海马路》，东方出版中心；《那些永远的上海老马路》，上海社会科学出版社；微信公众号"上海徐汇"等。

"罗密欧阳台"：上海人的城市收藏

　　从武康路复兴西路一路向南，走到不远处的武康路 210 号，可以看见一座西班牙式三层花园住宅。二楼有一个阳台，有人

武康路 210 号的"罗密欧阳台"

把它比喻为"罗密欧阳台"。

阳台门窗里的风花雪月

"罗密欧阳台"镶嵌着红边的半圆形弧栏，别有韵味。阳台周围的拉毛墙面呈现淡淡的黄色，外墙的轮廓高低错落。一楼前面的黑色铁门和二楼上方的红瓦屋顶，形成红与黑色彩的呼应对比。屋顶檐口一圈为齿型饰带。落地长窗是细长的矩形，上部则为半圆型。室内主人如推门而出，就可倚靠着嵌着红边的半圆形弧栏，浏览阳台下的武康路景色。而武康路上的路人，也可抬头眺望阳台，心里也许在遐想着阳台门窗里面的风花雪月。确实，那种浪漫味道让莎士比亚迷们神往。

20 世纪 90 年代，根据张爱玲同名小说改编的电影《红玫瑰和白玫瑰》在上海拍摄取景。香港导演关锦鹏就是想要找一个风情万种的阳台，让陈冲饰演的红玫瑰在那里梳头。后来他看中了一幢三层楼洋房二楼一个小巧的阳台，栏干上有个造型是一朵玫瑰，海派风韵，味道十足。王安忆笔下小说《长恨歌》里的王琦瑶，从一场选美开始，到后来做了一只飞不出去的金丝雀。她改不了上海女子坐在阳台上看后弄堂的老习惯。终于，有一天，当她发现自己蹦蹦跳跳的女儿，开始偷着和要好的男朋友约出去看电影，她才醒来，原来多年的时光就这样流逝。剩下的，只有孤单的阳台。

昔日阳台附近的邻居

那么，210 号花园住宅的主人是谁？许多人不知详情。但是从"罗密欧阳台"上可以看到，旁边武康路 212 号同样是花园住宅。那是大隆机器厂创办人严裕棠的旧居。这是一栋英国乡村别墅式的花园洋房，红瓦黄墙，十分典雅。屋子南面有一个花园，花园内小桥流水，花木茂盛。严裕棠夫人喜欢田园生活，她让人把花园里的草地铲去一块，在上面种瓜种菜，还时常亲自打理。212 号、210 号的邻居关系，可以让人猜测到"罗密欧阳台"主人不一般的身份。

读者写信要求保留阳台

作家陈丹燕从小时候起，就听人们说起过武康路上那被常春藤环绕着的"罗密欧阳台"。陈丹燕想象着《罗密欧与朱丽叶》在徐家汇剧场上演的时候，大家都希望罗密欧爬上那个阳台找朱丽叶。1998 年，陈丹燕以一个探寻者和怀旧者的姿态，化 5 年时间寻访散落在百年上海弄堂马路上的城市记忆，并写成《上海的风花雪月》。

当作家出版社出版这本书之后，她收到一封读者来信，说武康路这幢房子的阳台要被改建了，常春藤要被全部剪掉，变成一个光秃秃的阳台。这位读者说了一句非常动人的话，打动了陈丹燕。他说："这个房子卖给了一个台湾人，变成私产了。

他有权处理这个房子的一切。但是这个房子在武康路上形成的景观，是我们武康路的居民包括湖南街道的居民共同的景观，所以它是共同的城市遗产，我们应该关注。"

看完读者的信，市人大代表陈丹燕给徐汇区房地产管理局写了一封信，希望房地局出面保护。后来，徐汇区房地局负责人朱志荣拜访了陈丹燕。同为人大代表的他，当时已开始做议案，希望人大能通过地方法律，建立上海 12 片历史风貌保护区。他们两人的想法一致，都希望将武康路的阳台景观保留下来。

要为整个城市做收藏

2011 年 9 月，由上海世界华人收藏家大会组委会、上海阮仪三城市遗产保护基金会及上海石库门文化研究中心共同举办的"老房子保护和收藏论坛"在沪举行。陈丹燕在论坛演讲，说到了"罗密欧阳台"的故事。她感慨地说，有时人们很难尊重历史，特别是对个人历史的尊重，对本地历史的尊重。似乎人们可以随便改变它，随意抹掉它，随意加上我们这个时代可以加上的东西。同样，我们也不尊重个人的感受。陈丹燕呼吁：

在老房子的收藏上，不懂得尊重那就没有保护，也就没有收藏。老房子和这个城市的历史、景观联系在一起。老房子不是个人的收藏，是为整个城市做收藏。藏家需要有社会责任感和道德感。老房子的收藏者应该有一点英雄主义。[1]

现在，"罗密欧阳台"已经成为武康路上不可或缺的景观。依附于优秀历史建筑上的更多阳台，也应细心地保护下来。

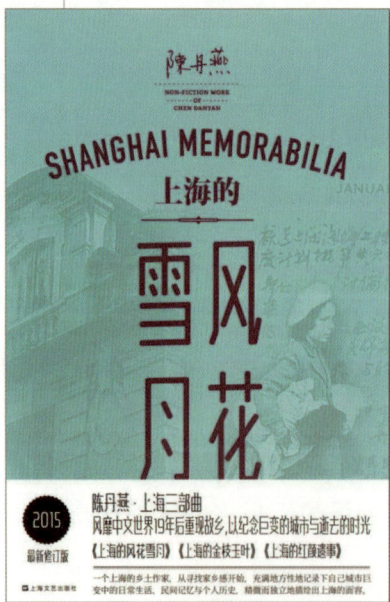

陈丹燕在《上海的风花雪月》中细腻生动地描述了"罗密欧阳台"

[1]《东方早报－艺术评论周刊》，2013 年 9 月 30 日。

老马路：凭什么永不拓宽

永不拓宽　保留城市体温

乘坐飞机，顺手翻阅座椅背袋里的《东方航空》杂志。在题为《武康路——重返上海优雅西区》一文中，作者顾惟颖写道：

我一直不喜欢大马路。那种好多车道的大路，下有地下通道，上有人行天桥。人在路面上走的话，有点怕。两旁边这里拆那里造，此起彼伏姿态张狂的高楼，还有那层出不穷的新楼盘，它们那高到不能再高的价格以及堆砌出来的富贵，难以给人温馨家园的温暖感，只像任何一座洗浴中心的影子。我喜欢的街道，不是很宽，适合人漫步，适合人站着聊天说话。距离不远的弄堂、小店、医院、学校、邮局、银行……是我们生活里可以打个哈欠的地方，也是老奶奶提着装有青菜豆腐的袋子小步回家给老伴做饭的地方。走在那种不宽的马路上，有梧桐叶的味道，也有弥漫出来的煮咖啡和炖牛肉的味道，忽而又是沾满了雨珠的广玉兰的馨香。四车道、六车道的大马路近来越建越多，这对大城市的交通来说固然需要，但是，复兴西路、武康路、湖南路等，就应该是永不拓宽的马路。

　　永不拓宽的马路，这一保留了城市体温的定义表述，如今已不再停留在抽象概念。它已悄然变成城市海派文化地图上的纵横线条，给市民带来魅力城市优质生活的切身体验。

天平路

华山路

岳阳路

绿色线路　感受历史风貌

　　如今，徐汇区永不拓宽马路的绿色骑行线路图，已经为骑行旅游者勾勒出衡复历史文化风貌保护区的最佳行程之一：

　　从天平路→兴国路→华山路→武康路→湖南路→永福路→复兴西路→东平路→岳阳路→永嘉路→乌鲁木齐南路→建国西路→广元路……

　　永不拓宽的马路，不是拍脑袋随意圈定的。"徐汇区风貌保护道路规划"对永不拓宽的马路作了明确的范围和分类，并列出它们的长度和宽度，犹如给人体测量记录了各自的"基础体检表"。

城市细节　体现优质标准

著名建筑师贝聿铭曾说过，"人类只是地球上的匆匆过客，唯有城市将永久存在。"

千百年来，城市不仅是建筑与街道的排列组合，而是作为人类文明的容器，体现着人类对理想秩序的追求。让人羡慕的"全球魅力城市"的优质生活，其中离不开永不拓宽的马路等城市生活细节。海外专家围绕都市生活、出行交通、目的地旅行、饕餮美食等列出20个细节，让人感悟魅力城市的生活特征。这20个细节其实也是老马路永不拓宽的理由。

魅力城市的20个细节，分别是：

（1）遮天蔽日的大树。

（2）看得懂的标识。

（3）有内涵的娱乐生活。

（4）惊喜。

（5）路灯有缓解忧郁情绪的功能。

（6）在街道和公园、水岸、绿地等增设更多的休闲长椅。

（7）平衡感。地铁换乘站、巨型购物中心等大体量的公共建筑，要考虑到普通使用者的感受，满足使用者从生理到心理的各种细腻需求。

（8）风景是城市的灵魂。钟楼、古塔、河流、街道……承载着城市的故事，守护着城市的秘密。

（9）聚集点。

（10）意外发现惊喜事物。城市里总有一些你不知道的东西在街角等待你的发现。

（11）安全。

（12）汽车服务。

（13）街道生活。魅力城市的一个重要标志，人们喜欢享受户外生活的乐趣。老人不用担心被撞倒，妈妈也能放心让孩子在街上骑自行车。

（14）不同的声音。给不同的市民留一个可以让他们发出自己声音的"出口"。

（15）可方便地开车到海滩或山区。

（16）郊区。市中心的喧闹和快节奏不是所有人都可以适应的。

（17）更少的玻璃幕墙。

（18）粗砾感。每座城市都有自己的"原住民"或是边缘人群。因为他们的存在，城市展示出它粗砾坚硬的一面，显现更多样的色彩和更丰富的质感。

（19）24小时不间断的便利店、自动售货机等。

（20）身边的生活服务，随叫随到。[1]

---

[1] 引自《如何活出精彩》，《文汇报》，2013年12月21日。

以上 20 个细节只是英国研究团队的一个概述，而且其中第 4 点"惊喜"和第 10 点"意外发现惊喜事物"两个细节，表述似有重复。但它依然有助于理解永不拓宽的马路之存在理由，更有助于城市管理者、规划者、建设者对包括"衡复"在内的更多历史文化风貌保护区的精心呵护。

兑现承诺 永久凝固保存

以文化探寻者的身份深度体验城市生活的女作家陈丹燕，曾把笔触对准充满近代史故事的上海城市街道，她以精美的文字、怀旧的情感和充满历史感的故事写成了《永不拓宽的街道》。陈丹燕笔下"永不拓宽"的马路街道，大都集聚在徐汇衡复的历史风貌保护区域。

2005 年，上海确定了 144 条风貌保护道路（街区），64 条道路"永不拓宽"。其中徐汇区达 31 条。这些道路将确保不得拓宽，还不得随意修改人行道和行道树。"永不拓宽"就是要让上海的历史文化和城市地标以凝固的形式永久性地保存下去。因为这一条条永不拓宽的马路街区，蕴含浓缩着上海人的记忆、情调和追求！

街头雕塑： 城市记忆需要文化细节

城市情愫的载体

假如生活欺骗了你，

不要悲伤，也不要气愤！

在愁苦的日子，要心平气和，

相信吧，快乐的日子会来临。

心儿把希望寄托给未来，

眼前的事情虽叫人苦恼：

但一切转眼就会过去，

一过去，生活又充满欢笑！

"俄国文学之父"亚历山大·谢尔盖维奇·普希金（1799—1837）写的这首诗，有多少人在学生时代就工整地抄录在日记本上啊！路过岳阳路汾阳路桃江路口，抬头就可看到街心花园矗立着的普希金雕像纪念碑，人们不由会

普希金雕像

再次背诵他的诗句。[1]

街心花园雕塑，是城市情愫的载体，是海派文化的细节。除了普希金铜像外，衡复历史文化保护区及周边还有东湖路富民路口的田汉

田汉雕塑

[1]《普希金文集 抒情诗二》，上海译文出版社，1995 年。

雕塑、淮海中路复兴西路口的聂耳雕塑等。这些雕塑都处在一个不大的三角花园，看上去不很起眼，但令人特别怀念。

聂耳雕像

作家马尚龙这样描写说：三角花园不是景观，只是一小片绿化地，它更多的是马路边的一个元素——所谓元素，它不见得是引人瞩目的，却也是必须具备的，它是城市的细节。如同是家里阳台上一盆不名贵不炫目的植物，很少将视线慷慨地留给它，倒是哪一天这一小盆植物不在了，一下子便感觉到了失去。[1]

普希金铜像历经两拆三建

读者都知道田汉、聂耳是《义勇军进行曲》的词曲作者，在街心花园为他们竖起雕塑，对国人来说是太熟悉情切了。[2] 有的读者也许并不知道，在当时上海法租界的街头，为何有一座俄罗斯人普希金铜像，而这一铜像为何先后历经了两拆三建？

[1]《青年报》，2013 年 11 月 15 日。《新民晚报》，2016 年 11 月 12 日。
[2] 参见本书《老唱片：百代红楼响起〈义勇军进行曲〉》。

　　原来，建立于 1937 年 2 月 10 日的普希金铜像纪念碑，是当时旅居上海的俄国侨民为纪念普希金逝世 100 周年而集资建造的，普希金胸像置于竖条形的花岗石碑座顶端。身在异国的白俄没有忘记他们来自哪里。在上海白俄侨民的心里，这就是自己祖国和家园的记忆。

　　日军占领上海后，普希金铜像于 1944 年 11 月被拆除。抗战胜利后，俄国侨民和上海文化界进步人士于 1947 年 2 月 28 日在原址重新建立了普希金铜像。1966 年，这一铜像再次被毁，有人回忆说，当时看见一些人用绳子拖着铜像沿着汾阳路往东北走去。

　　改革开放后，上海得到了 5 万元经费用于城市雕塑，决定用这笔经费来重建普希金纪念碑，市园林局主动表示愿意承担重建经费的缺口部分。齐子春、高云龙两位雕塑家主动请缨创作普希金像，他们如愿以偿。创作普希金铜像的唯一依据是一张很小的旧照片，模模糊糊的，而且只有一个侧面。雕塑家查找了有关资料，创作出了第三座普希金铜像。在将要翻模的时候，不知何故，普希金泥塑像竟然倒塌在工作台上，严重损坏，只得重起炉灶再塑造一个。至于新建碑身的高度，也是从照片上的碑身与人物的比例关系来推断的。1987 年 8 月，在普希金逝世 150 周年的时候，铜像第三次在原址落成。上海的纪念雕像有许多，但像普希金铜像这样一而再、再而三地建了拆、拆了建，只此一座。

一位顾姓网友 2016 年 2 月 4 日写下网络博文："普希金"重又归来，成了这座城市的人文景观。这是一段厚重的城市记忆，不会像"夜上海"那般轻歌曼舞，而是上海 C 面或 D 面的折射。在上海街头遇上"普希金"，使人想到这座城市不仅接纳过数以万计的犹太难民，还收留过"无根"的白俄人。如今，走在淮海中路上，还能找到白俄人留下的痕迹。在老上海的印象中，犹太人和俄罗斯人最能融入上海生活，他们从事的咖啡馆、食品店、面包房、西药房、皮草行、洗染店、照相馆、琴行、舞厅等，都在潜移默化地影响着这座城市及市民生活。

让城市雕塑说出"历史故事"

作家陈丹燕的《上海的风花雪月》中，有一篇就是《在普希金像的街角》。[1] 怀着对海派文化的不变情怀，2016 年 1 月 26 日上午，她在市人代会关于"加强文化建设、提高文明程度、增强城市软实力"的专题审议会议上提出：让城市雕塑说出上海的"历史故事"。她呼吁设立更多富有真正意义的城市文化历史景观，让居民、旅游者都清楚地看到，这个城市有着属于自己的历史故事。这对于上海历史文脉的传承会有很大意义。

[1]《上海的风花雪月》，作家出版社，1999 年。

"金色地毯"：落叶不扫留下记忆

漫步簌簌作响的"金色地毯"

一片片金黄色的梧桐叶，被秋风轻轻吹落在衡山路上。宁静的双休日清晨，这一条平时两来两去的车道少有车辆驶过，黑色路面居然被梧桐叶覆盖成了一片金黄色。落叶"拥抱"的衡山路，宛如一条镶嵌着手掌型梧桐叶图案、笔直平铺的"金色地毯"。

"金色地毯"

天色大亮后，更多的车辆一一驶过衡山路，原来黏复在四条车道上的梧桐叶，渐渐被车轮和尾气带走，但路中央的黄色双实线上，梧桐叶依然留着。它和两边人行道上已经浓密累积的梧桐叶一起，恰似这条"金色地毯"突然变化了花纹图案。偶见市民漫步其上，簌簌作响，奏出秋天最美妙的城市声音。

"梧桐树下的城市之美"

2016年深秋的一个周六早晨，在徐家汇政府机关大院里的原大修道院，中共徐汇区委宣传部、徐汇区文化局、SMG东方广播中心主办"梧桐树下的城市之美"讲座。建筑与城市规划教授、武康路总规划师沙永杰，海派建筑摄影家陈海汶，油画家、美院教授徐芒耀，一级演员、话剧导演田水，电台播音首席主持人秦畅、海波，和自发报名参加讲座的市民一起，围绕梧桐树最美的秋，侃侃而谈，热烈答问。

在沙永杰看来，"上海最具价值的四类区域分别是外滩、衡复历史风貌区、老式里弄和老城厢。其中，法国梧桐毫无疑问是衡复风貌区的标志。""能把上海历史讲清楚的三条路，一定是外滩、思南路和武康路。"海派建筑摄影家陈海汶说，上海作为中国最早接触西方文化的城市，从小生活在历史文化风貌区梧桐树下的上海人，对城市的认知也多了一层与世界的连接。

　　"法国梧桐"原产地并非法国，也不是中国古诗词中的"梧桐"，而是经英国人嫁接培育出的二球悬铃木。它在欧洲广泛栽培后，被法国人带到上海，栽在霞飞路（今淮海中路）一带作为行道树，人们因此就叫它"法国梧桐"，亦称"法桐""梧桐"。其实，市中心城区行道树中不少落叶树种中，常见的是银杏、黄山栾树、悬铃木等，其中悬铃木占比约 30%。但老上海人约定俗成，把这些不同落叶统称为梧桐叶。这些金黄色的落叶，为上海之秋增添了一道浪漫景致。

上海有 29 条 "落叶不扫路段"

从 2013 年起，徐汇区余庆路、武康路率先尝试不扫落叶。

武康路秋色

截至 2016 年年底，上海共有 18 条马路被列为"落叶不扫路段"，其中徐汇区的衡复历史建筑风貌保护区内占了 7 条。2017 年 11 月起，全市的"落叶不扫路段"增至 29 条。

徐汇区 7 条"落叶不扫路段"分别是：余庆路（衡山路—康平路）、衡山路（北段单侧，宛平路—天平路）、岳阳路（建国西路—东平路）、复兴西路（高邮路—永福路）、永福路（复兴西路—湖南路）、湖南路（永福路—武

雨中的武康路色彩斑斓

复兴西路人行道上的落叶

康路）、武康路（湖南路—五原路）。

"落叶不扫"受到市民点赞。"落叶不扫"并不代表对道路的保洁要求降低；相反，保洁人员每天都会对景观道采取捡拾保洁的方式，清除隐匿在落叶中的垃圾。"城市美容师"特意制定了"落叶不扫"的可操作性标准——人行道及下街沿（靠近人行道）一部分覆盖上一层落叶，不影响交通与出行安全。同时，每天傍晚全面清理当日落叶，确保无隔夜、沾上垃圾的落叶滞留路面。此外，遇上风雨或雾霾天气，就全面清扫保洁，不影响居民日常生活。这样的"落叶不扫"，犹如铺成"金色地毯"。每当秋日暖阳透过路边梧桐，洒落在上面，形成斑驳光影，明明晃晃地会使人浮想起很多难忘的城市记忆。

秋天情趣　城市韵味

许多人分别为梧桐叶写下美丽的文字："有法国梧桐的地方，就适合走路和停驻；春夏有亭亭青伞，足以庇荫思绪，秋冬有沙沙落叶，踩出满地韵律。世界上有两种城市，有法国梧桐、以及没有的；巴黎、上海、纽约、南京、伦敦、墨尔本，都因这树而有种气派。""生如夏花之绚烂，死如秋叶之静美。落叶装饰着地面、草坪、灌木丛，这是秋天的样子；走在路上踩着落叶咔咔作响，这是秋天的声音；北风凛冽，秋叶争飞，这是秋天的情趣。"

在武康路上散步，如果你走进一家沿街欧式风格的花店，还会惊喜地发现一道别致的梧桐落叶墙。在暗黄色灯光的投射下，一整面的墙上居然插贴着满满的金色落叶。看上去，墙上的梧桐落叶没有排列规则，但又错落有致，就好像这些落叶本来就是那样的自然美丽。有人打听，这么多的梧桐落叶从何而来？原来，它们本来落在武康路地面上，是花艺师们一片一片从地面上拾起，然后把它们一片一片贴到墙上，从而让秋天的落叶美不会远离。

在"落叶不扫"的岳阳路上，有时会突然出现穿梭的黄包车、大声叫卖的报童、手提花篮的卖花姑娘。身穿长衫、旗袍等老上海服饰的情侣漫步街头。许多摄影家、造型师、时装模特和来自各地的年轻潮人，踩在落叶满地的马路上，或轻声私语，或各摆POSE，一起感悟海派文化的韵味。他们的脚下，是1912年修筑的马路，名为"闪回1912"的海派文化街头秀，是这条有着100多年历史老马路的梧桐落叶秀。金黄的梧桐叶纷纷飘坠，呈现秋意阑珊的华美，这正是市民与城市的记忆纽带。

历史鉴证：学者名人点评徐汇

世界城市史研究学者、美国的乔尔·科特金在分析比较罗马、纽约、伦敦、东京、上海等城市的历史发展变化后指出："一个伟大的城市所依靠的是居民对他们的城市所产生的那份特殊的深深眷恋，一份让这个地方有别于其他地方的独特感情。"[1]徐汇，能够让我们具有区别于其他地方的特殊感情吗？

徐汇区古属昆山县，唐、宋代隶华亭县，元、明、清代为上海县辖地。1945年后分为第七区（常熟区）、第八区（徐家汇区）和第二十六区（龙华区）。1956年，常熟区和徐汇区合并，定名为徐汇区。1984年龙华、漕河泾镇和长桥划入该区。在54.93平方公里的区划范围内徐汇的"海派文化地图"美不胜收，怎样用精炼准确的语言来概括这一地区的历史地位和核心价值呢？徐汇区图书馆等为我们提供了部分学者、作家、名人对徐汇文化风貌的历史评价。

现代历史学家朱维铮断言："谁要了解17世纪迄今的中

[1]《全球城市史》，社会科学文献出版社，2006年。

历史学家朱维铮

画家徐悲鸿

西文化交往过程，谁就会把目光投向历史上的徐家汇。"徐家汇"成为明、清之际的中西文化的荟萃表征"。"因为出了徐光启，由人杰而地灵，徐家汇也越来越成为近代中国文化交流过程中的首处空间中心"。[1]

近代画家徐悲鸿说："天主教之入中国，上海徐家汇，亦是根据地之一，中西文化之沟通，该处曾有及其珍贵之贡献。"近代上海报刊早就评论：徐家汇天主堂是"上海第一建筑"。[2] 徐悲鸿还说："中西文化之沟通，该处（徐家汇）曾有极其珍贵之贡献。土山湾亦有习画之所，盖中国西洋画之摇篮也"[3]。

明代中后期政治家张所望评价黄道婆："衣食之源，妪实开之，等于育我，以母道事之，谁曰不然。"[4]

[1]《序言》，《历史上的徐家汇》，上海文化出版社，2015 年。
[2]《历史上的徐家汇》，上海文化出版社，2015 年。
[3]《风云岁月·传教士与徐家汇天文台》，上海科学普及出版社，2012 年。
[4]《上海风物志》，上海文化出版社，1982 年。

近代学者李叔同认为：中国音乐教育家、南洋模范中学创始人之一沈心工是"吾国乐界开幕第一人。"[1]

科学家竺可桢

近代科学家竺可桢认为：我国各地极少有 50 年持续不断之雨量记录，有之，则推上海徐家汇之记录。[2]

学者余秋雨评说："徐光启的安葬地徐家汇，成了传播西方宗教和科学文明的重镇——从徐家汇一带开始，向东延伸出一条淮海路，笔直地划过上海滩，它曾经是充分呈现西方文明的一道动脉，老上海高层社会的风度，长久地由此散发。因此有人认为：如果要把上海文明分个等级，最高一个等级也可名之为徐家汇文明"。[3]

复旦大学教授李天纲比喻说："徐家汇是上海的'拉丁区'，是近代上海最有文化气息的社区"。[4] 他评价"徐光启是近代意义上的第一个上海人、四百年来最杰出的上海人"。[5]

建筑学家郑时龄院士从诸多方面进行了评述："历史上的

[1]《文化拯救·近现代名人与教科书》，商务印书馆，2015 年。
[2]《风云岁月·传教士与徐家汇天文台》，上海科学普及出版社，2012 年。
[3]《文化苦旅》，转引自《上海：记忆与想象》，文汇出版社，1996 年。
[4]《历史上的徐家汇》，上海文化出版社，2015 年。
[5] 于颖《徐家汇藏书楼探秘》，《文汇报》，2015 年 5 月 22 日。

徐家汇地区是上海的文化中心之一。""作为上海城市中辉煌的组成部分，徐汇区代表了上海城市现代化的演变，预示着灿烂的明天。""徐汇区的城市化品质和建筑的质量是全市最高的城区之一，徐汇已成为上海最活跃的国际化社区。""徐汇的文物和建筑就是一部中国的文化史和革命史，记录了从上古时期至近代和现代的历史。""掩映在绿荫丛中的徐汇文物和历史建筑仿佛一部浓缩的世界建筑史和中国建筑史，同时也是一部

建筑学家郑时龄

文化史。"[1]

上海社会科学院历史研究所研究员唐振常指出："上海成了西方文化输入的窗口。所谓海派，正是在中西文化撞击相融下的特殊产物。它不中不西，亦中亦西，与西方有同有异，与传统亦有异有同，它是中西文化融合的产物，是城市商业社会的产物。慨乎言之，'融合进取'四字庶几近之。"[2]

复旦大学特聘教授张汝伦在阐述了发端于上海的电影、交响乐等在中国现代文化史上的突出地位后指出："今天，亚洲

---

[1]《序言》，《留存的历史》，上海文化出版社，2008 年。
[2]《近代上海繁华录》，商务印书馆国际有限公司，1993 年。

已有东京、香港和新加坡等国际金融中心，却还没有像巴黎、纽约、法兰克福这样的国际文化中心。这个位置似乎是专门给上海留着的，看它能否后来居上，成为亚洲唯一的世界级文化中心。"[1]

历史见证，岁月镌刻；时代新篇，今人书写。

今天的上海正在建设成为国际文化大都市，徐汇区提出未来5年"四个徐汇"的战略框架，其中"文化徐汇"的四大重点功能区，包括以国际艺术和影视传媒为特色的徐汇滨江，以海派精品文化为特色的衡复历史风貌区，以文商旅体融合为特色的徐家汇文化商圈和科技文化融合的漕河泾开发区。[2]

浓密的梧桐树叶，掩映着一幢幢历史优秀建筑；激昂的交响乐曲，演奏出一曲曲华彩乐章；宁静的藏书楼，珍藏着一本本百年典籍；昂立的龙华塔，见证了一页页申城演变史。在这里，人们不由产生一份特殊的深深眷恋，萌生一种有别于其他地方的独特情感。因为"海派文化，人文徐汇"的鲜明地标，正一个个出现在新时代的徐汇版图上。

[1]《上海的文化命运》，上海文化杂志，1994年1月。

[1]《徐汇报》，2016年12月19日。

后记

"海派文化地图"丛书的第一推动力来自于中共上海市委关于制定"十三五"规划的建议，其中明确提出要"弘扬海派文化品格……基本建成国际文化大都市"。

2017年12月，中共上海市委书记李强提出："丰富的红色文化、海派文化、江南文化是上海的宝贵资源，要用好用足，大力发展有竞争力和影响力的文化产业。"

2016年1月，在上海市政协十二届四次全会上，柴俊勇委员的提案《关于弘扬海派文化品格，加快建设上海国际文化大都市的建议》被《新民晚报》以通栏标题"让海派文化也做到全球连锁"发表。"海派文化地图"丛书自此起步。丛书按区分卷，分别介绍16个区的海派文化资源特色和与海派文化有关的知名人物，故称之为地图丛书。

2016年9月，在上海市政协文史资料委员会和虹口区政协共同主办的海派文化传承与发展研讨会上，市政协副主席高小玫深入阐释了海派文化的内涵、形成和特征，以及海派文化对于上海城市建设和弘扬上海城市精神的重要意义。市政协副秘书长齐全胜、市政协区县政协联络指导组组长顾国林、虹口区区长曹立强、市政协学习委常务副主任柴俊勇、市委宣传部副部长燕爽、市政协文史委常务副主任刘建、时任上海交通大学出版社总编辑刘佩英等为"海派文化地图"丛书举行了启动仪式。

上海的海派文化之热，起于新世纪初。2002 年 6 月，上海大学"海派文化研究中心"成立，主任李伦新，副主任方明伦。2003 年 11 月，上海交通大学"海派文化研究所"成立。熊月之教授任所长，戴敦邦教授任艺术总监。纵观新中国的上海媒体，谈及海派文化的有 7000 余篇，颇有声势。

新一轮的高潮，起于 2015 年的虹口。在上海文化发展基金会支持下，虹口设立了"海派文化发展专项基金"，两年后建起了"海派文化中心"。

与上一轮相比，今天的海派文化旋风更加务实。上海市社团管理局登记在册的"海派"社会团体 10 余家。上海工商局登记的以"海派"命名的企业有 30 余家，几乎涉及各行各业。与此同时，各类关于"海派文化"的学术研讨会、论文集及主题活动等层出不穷，微信公众号"海派文化"、以"海派文化"为主题的时尚杂志《红蔓》等亦流行开来……

2016 年末，上海市政协召开优秀提案新闻发布会，《关于弘扬海派文化品格，加快建设上海国际文化大都市的建议》

被评为优秀提案。海派文化再次被沪上媒体广泛关注。不少媒体都以"海派文化地图"丛书为新闻眼，踊跃报道。

"海派文化地图"丛书得到了各方面的大力支持。在中共虹口区委的两任书记吴清、吴信宝的关心下，丛书得到了"上海文化发展基金会海派文化专项基金"的支持，浦东、黄浦、杨浦、崇明政协迅即行动起来，知名作家、高级记者纷纷加盟参加创作；浦东、黄浦、杨浦、崇明政协行动迅速，率先完成相关分卷的编撰。

编委会主任吴清（现为上海市副市长）等领导参加的四书首发，成为2017年上海书展的亮点。

徐汇卷《海上文脉》的策划编著工作，得到了徐汇区政协和区相关部门的全面指导和积极推进。

区政协韦源、王萍等负责同志多次研究部署，提出要求；秘书科刘芳具体联络采访对象并多次陪作者前往上海图书馆藏书楼、上海电影博物馆、徐汇区档案馆等现场采访。

徐汇区文化局原副局长宋浩杰一边向作者介绍他亲历的流落他乡的土山湾中国牌楼、彩绘玻璃橱柜分别从海外回归上海的曲折经历，一边陪作者在土山湾博物馆采访、参观并解说。徐汇区房地局原局长朱志荣向作者提供了有关优秀历史建筑的大量资料。徐汇区档案局、教育局、图书馆、藏书楼等单位向作者介绍了有关历史珍档，审读了相关章节内容的初稿。柯灵故居纪念馆、张乐平故居纪念馆馆长郭皓以及衡复公司"衡山坊"项目有关负责人陪同作者参观并接受采访。天平街道有关部门负责人也介绍了城区精神文明建设情况。

在徐汇卷的编著全过程中，来自徐汇区政府网、《徐汇报》以及"上海徐汇""徐家汇源景区"微信公众号等网站媒体的最新报道，源源不断地提供了徐汇《海上文脉》的重要素材和新鲜内容。

我们在编撰中说的最多的一句话："要用海派文化的精神来编撰'海派文化地图'丛书。"说的就是"海纳百川"，感谢来自徐汇方方面面的支持，没有各位的支持，不可能完成编撰。无百川相汇，何以成海？

执行总主编 浦祖康

2018 年 3 月